Katharina Kühl • Fundsache

OMNIBUS

DIE AUTORIN

Katharina Kühl, geboren in Stettin, arbeitete als Auslandskorrespondentin und Dolmetscherin, studierte Soziologie und wurde bekannt durch Lyrik, Hörspiele und Features sowie diverse Kinderbücher. Sie lebt als freie Autorin in der Nähe von Hamburg.

Katharina Kühl

Fundsache

Band 20241

Der Taschenbuchverlag
für Kinder und Jugendliche
von Bertelsmann

Umwelthinweis:
Dieses Buch wurde auf chlorfrei gebleichtem
Papier gedruckt.

Genehmigte Taschenbuchausgabe September 1998
Gesetzt nach den Regeln der Rechtschreibreform
Alle Rechte dieser Ausgabe vorbehalten durch
C. Bertelsmann Jugendbuch Verlag
in der Verlagsgruppe Bertelsmann GmbH, München
© 1995 Carlsen Verlag, Hamburg
Umschlagbild: Wolfgang Slawski, Atelier 9
Umschlagkonzeption: Klaus Renner
kk · Herstellung: Stefan Hansen
Satz: Uhl + Massopust, Aalen
Druck: Presse-Druck Augsburg
ISBN 3-570-20241-0
Printed in Germany

10 9 8 7 6 5 4 3 2 1

*Für Claudia,
Nadia und Tarek*

1

Verdammt! Verdammt! Laut krachend ließ Barbara die Haustür hinter sich ins Schloss fallen und stürmte den Gartenweg hinunter. Mit der unteren Pforte machte sie sich nicht die gleiche Mühe. Es hätte sowieso nichts gebracht. Die quietschte höchstens, wenn man sie zuschlug. Immer noch wütend wandte sie sich auf der Straße nach rechts, in Richtung Einkaufszentrum. Mit jedem Schritt knallten die Absätze ihrer Stiefel auf das Pflaster. Der Stiefel, die mal wieder Anlass für den Krach zu Hause gewesen waren. Sahen angeblich unmöglich aus. *Wenn du sie wenigstens ein einziges Mal putzen würdest! So läuft man nicht herum! Man trägt auch keine Leopardenleggings! Und dazu schon gar nicht die alte Lederjacke vom Vater! Vor allem nicht zur Schule! Da zieht man sich etwas Ordentliches an!*

Ja, etwas, das die Lehrer, die genauso spießig sind wie die Alten, milde stimmt. Damit sie einem ein gutes Abschlusszeugnis verpassen und der steilen Karriere bei der Kreissparkasse später nichts im Wege steht. Und natürlich färbt man sich auch keine lila Strähne ins Haar! Besonders nicht, wenn man sowieso schon so eine unmögliche Haarfarbe hat! Ja, wahrscheinlich hätte man bereits als Baby besser aufpassen müssen. Dann wäre das nicht passiert: dieser feuerrote Kopfputz. Ihre Alten haben das ja auch hingekriegt mit einer anständigen Haarfarbe. Beide Blond. Aschblond. Überhaupt Asche!

Und geraucht haben sie mit fünfzehn selbstverständlich auch noch nicht! Die aschblonden, braven Nichtraucher, die immer ordentlich ausgesehen haben, immer ihre Schuhe geputzt haben. *Und ohne dass man es uns extra sagen musste!* Die auch immer ihre Schularbeiten gemacht haben, gleich als Erstes, und jeden Tag, also wirklich jeden Tag, ihr Zimmer aufgeräumt haben, *obwohl wir natürlich nicht so ein großes hatten wie du, was glaubst du wohl, Barbara!*

Barbara! Schon der Name war so out wie die Alten selbst. Typisch für die, ihr so einen blöden gegeben zu haben. Kein Mensch hieß heute Barbara! Nur sie. Und das, was daraus gemacht wurde, war noch ätzender: Babsie! Wirklich zum Abdrehen! Oder Bärbel oder, das Allerletzte, Barbie. Wie diese dämliche Puppe!

Barbara brauchte jetzt unbedingt eine Zigarette. Gut, dass sie noch Taschengeld hatte. Taschengeld, das war auch so ein Thema. Wurde zwar gewährt, aber die monatliche Zuteilung immer mit guten Ratschlägen verbunden: *Spar es dir, dann kannst du später eine größere Anschaffung machen.* Silberne Löffel für die Aussteuer zum Beispiel. Da sollte man kein Horn kriegen!

Da der Zigarettenautomat in der Nähe des Hauses mal wieder nicht funktionierte, blieb Barbara nichts anderes übrig, als bis zum Supermarkt zu gehen. Der hatte wenigstens über Mittag auf.

Ein Fortschritt für Riedbach, fand Barbara. Aber natürlich waren die Eltern auch darüber wieder anderer Meinung. Alles, was in den letzten Jahren entstanden war, die neue Durchgangsstraße, die Auesiedlung, das Einkaufszentrum, die Realschule, bedeutete für sie nicht etwa Fortschritt, sondern hatte, wie der Vater immer wieder sagte, *unser schönes, altes Dorf kaputtgemacht.* Für Barbara war Riedbach so oder so nur ein Kaff. Sie überquerte jetzt den Parkplatz des Supermarktes, gab einem im Wege stehenden leeren Einkaufswagen einen Schubs, um dann, vor dem Eingang des Marktes, extra fest mit dem Fuß aufzustampfen. Danach war ihr jetzt. Die Glastüren schoben sich zur Seite. Beim Betreten des Ladens rempelte sie eine Frau mit Kinderwagen an. Sie kümmerte sich nicht weiter darum, war ja nichts passiert.

Wie immer, wenn Barbara irgendwo auftauchte, zog sie alle Blicke auf sich. Sie war groß, nicht zu übersehen. Doch das war es nicht. Es war ihr Haar. Diese wilde, signalrote Mähne mit der quietschlila Strähne, die vorne wie ein Pinsel abstand. Und wen von den Dorfbewohnern das noch gelassen ließ, der musste spätestens einmal tief durchatmen, sobald er den falschen Brillanten entdeckte, den Barbara im rechten Nasenflügel trug. Bei jeder Bewegung funkelte er auf.

Der Supermarkt war so angelegt, dass man einmal in engen Schlangenlinien durch den ganzen Laden laufen musste, bis man endlich die Kassen mit den Zigaretten erreichte. Als Barbara an dem Regal mit den Süßigkeiten vorbeikam, blieb sie stehen. Sollte sie? Ja oder nein? Und wenn ja, was? Unwillkürlich betastete sie ihr Kinn, wo sich ein neuer Aknepickel bemerkbar machte. Nein, sie würde standhaft bleiben. Außerdem machten Süßigkeiten dick. Und Rauchen schlank, setzte sie trotzig für sich hinzu und legte den Schokoladenriegel wieder zurück, gerade, als im Nachbargang zwei schwatzende Frauen auftauchten. Die eine davon kannte Barbara. Die Schmitz. Eine hemmungslose Tratsche! Bloß der nicht begegnen! Barbara drehte sich um, wollte den gleichen Gang zurückgehen, um ein Zusammentreffen mit den Frauen zu vermeiden. Ein hoch mit Flaschen bepackter Wagen hinderte sie daran. So musste sie sich ungewollt die Unterhaltung der beiden anhören. Es war die ihr unbekannte Frau, die sich ereiferte: »Unmöglich, wenn Sie mich fragen! So herumzulaufen, einfach unmöglich! Dass da nicht die Eltern …«

»Die Eltern? Aber das ist ja das Problem!« Das war die Schmitz.

»Wieso?«

Die Schmitz senkte ihre Stimme zu einem Flüstern, wodurch sie nur noch deutlicher zu verstehen war. »Na, das sind doch gar nicht die richtigen Eltern! Ich meine, das ist nicht das eigene Kind. Sie sieht ihnen ja auch gar nicht ähnlich. Sie haben sie adoptiert. Als Baby. Sie konnten ja selber keine kriegen!«

»Davon hatte ich ja keine Ahnung. Und wann war das?«

»Na, das muss jetzt so gut fünfzehn Jahre her sein!«

»Ach so, dann kann ich das auch gar nicht wissen. Zu der Zeit wohnten wir noch in Frankfurt. Aber hören Sie mal, das erklärt natürlich einiges!«

»Nicht wahr?«

»Also, wenn Sie mich fragen, ich würde nie ein fremdes Kind adoptieren. Da wäre mir das Risiko einfach zu groß! Sieht man ja jetzt!«

»Eben, kann ja von sonst wem sein! Man weiß doch nie, was in so einem Menschen drinsteckt!«

Tratschweiber! Barbara wandte sich ab, machte einen Schlenker um die Tiefkühltruhe, traf trotzdem beinahe wieder mit den beiden Frauen zusammen, stellte sich deshalb schnell an die Nebenkasse. Keine Lust, die blöde Schmitz zu grüßen.

Beim Bezahlen der Zigaretten fühlte sie die Blicke der beiden Frauen im Nacken. Scheiß drauf! Wenn die nichts Besseres zu tun hatten! Fusselten sich über andere Kinder aus, anstatt sich um ihre eigenen zu kümmern. Die Susi, die Tochter von der Schmitz, war das hinterhältigste Biest, das man sich nur vorstellen konnte. Die absolute Oberpetze! Aber was ging sie das schließlich an. Barbara warf ihre Mähne mit gewohntem Schwung zurück und verließ den Supermarkt.

Wohin jetzt? Wieder nach Hause? Bloß nicht! Da erwartete sie doch nur wieder Zoff. Wohin dann? Zu Ilona? Oder zu Jens? Nein, dann doch lieber zu Ilona, da war um diese Zeit sturmfreie Bude. Die Eltern arbeiteten beide. Ilona war zu beneiden! Nie Gemotze, wenn sie aus der Schule kam. Ilonas Eltern waren auch nicht so spießig wie ihre. Jünger eben. Verstanden alles. Na ja, fast alles. Auf jeden Fall konnte man mit denen reden, ohne dass sie immer gleich anfingen zu meckern. Warum, verdammt noch mal, musste ausgerechnet sie so alte Eltern haben? Die einen ständig wie ein Kleinkind behandelten, wo man doch schon so gut wie sechzehn war. Das fiel Barbara heute zum ersten Mal so richtig auf. Alle anderen in der Klasse hatten jüngere Eltern. Bis auf Uwe, aber der hatte gar keine Eltern, sondern wurde von seiner Tante großgezogen. Das war etwas anderes.

Barbara bedauerte jetzt, in ihrer Wut nicht das Fahrrad genommen zu haben. Zu Ilona waren es gut zwei Kilometer. Tierisch weit zu Fuß! Im Gehen zündete sie sich eine Zigarette an. Auch so etwas, das ihre Mutter auf die Palme bringen würde. Vom Vater gar nicht zu reden! *Rauchen auf der Straße! Wo es jeder sehen kann!* Na, und wenn schon! Wie man hörte, gab es auch noch andere Leute, die Ärger mit ihrer Brut hatten. Wenn man der Schmitz im Supermarkt glauben sollte. Was nach deren Gesülze allerdings nur daran lag, dass es sich nicht um das eigene Kind handelte, sondern um ein adoptiertes. Hätten sie eben die Finger davon lassen sollen, die hochherzigen Adoptierer! Hätten sich und dem bedauernswerten Kind eine Menge Ärger erspart!

Moment, wen meinte die Schmitz eigentlich damit? Müsste

man eigentlich kennen. Riedbach war doch nach wie vor so ein richtiges Kaff. Selbst wenn es jetzt zur Kreisstadt gehörte. Jeder kannte jeden. Von wem konnten die beiden Labertanten also gesprochen haben? Welche Familie hatte ein Kind, das sie vor ungefähr fünfzehn Jahren adoptiert hatten? Als Baby!

Plötzlich schoss Barbara eine Hitzewelle ins Gesicht. Nein, das war doch nicht möglich! Hatten die beiden Giftschleudern im Supermarkt nicht sie, Barbara, so komisch angesehen? Ach, Blödsinn, das bildete sie sich nur ein, jeder sah sie komisch an. Das kannte sie nun wirklich zur Genüge!

Sieht ihnen ja auch gar nicht ähnlich! Sieht ihnen ja auch gar nicht ähnlich! Sieht ihnen ja auch gar nicht ...

Abrupt blieb Barbara mitten auf dem Bürgersteig stehen, was dazu führte, dass so ein kleiner Bengel ihr mit seinen Rollerskates beinahe in die Kniekehlen fuhr, es dann gerade noch schaffte abzudrehen, dafür mit seinem Kumpel zusammenstieß, worauf ein wüstes Geschimpfe einsetzte, an dem sich auch gleich noch zwei Fußgänger beteiligten.

Barbara bemerkte von alldem nichts. Wie angenagelt stand sie eine ganze Weile auf dem Bürgersteig. Plötzlich fühlte sie einen glühenden Schmerz. Die Zigarette hatte ihr die Finger verbrannt. Hastig ließ sie die Kippe fallen, trat sie mechanisch mit dem Absatz aus, drehte sich um und ging den Weg, den sie gekommen war, wie eine aufgezogene Puppe wieder zurück. Erst als sie die eigene Gartenpforte erreicht hatte, fiel ihr ein, dass sie ja zu Ilona hatte gehen wollen. Daran war nicht mehr zu denken. Sie musste jetzt allein sein. Sie musste sich erst mal beruhigen. Sie musste nachdenken.

In ihrem Zimmer angekommen, riegelte Barbara die Tür hinter sich zu und warf sich aufs Bett. Auf dem Rücken liegend, starrte sie an die Decke, direkt auf den dunklen Punkt, den dort ein Kaugummigeschoss hinterlassen hatte.

War das möglich, überlegte sie? Sollte die Schmitz tatsächlich von ihr, Barbara Alsdorf, gesprochen haben? Das konnte doch einfach nicht sein! Oder doch? Erinnerungen überfielen sie. An längst vergessene Kindergeburtstage, an Familienfeste. Vage Gesprächsfetzen der Erwachsenen, die von *überhaupt keiner Familienähnlichkeit*, von *dem Kuckucksei* und *dem aufbrausenden Temperament, das sie nicht von euch haben kann*, handelten.

Es war schon so. Sie ähnelte ihren Eltern in keiner Weise. Die Mutter war zierlich. Der Vater zwar stämmig, aber auch eher klein. Aber sie, Barbara: groß, langbeinig, breitschultrig. Und vor allem, sie hatte rote Haare. Als Einzige in der gesamten Verwandtschaft! Wie oft hatte sie sich deswegen dämliche Sprüche anhören müssen? *Rote Haare, Sommersprossen sind des Teufels Spielgenossen* und so weiter. Als Kind war sie deswegen oft wütend geworden. Kein Mensch weit und breit hatte rote Haare. Inzwischen fand Barbara das schrill. Aber als Kind ... Doch es gab noch andere Ungereimtheiten: das Alter ihrer Eltern. Die Mutter war dreiundfünfzig. Dann wäre sie bei ihrer Geburt achtunddreißig gewesen. Ziemlich alt zum Kinderkriegen, oder?

Na und? Das besagte gar nichts. Es gab Frauen, die mit über vierzig noch Kinder bekamen. Das war also kein Beweis.

Und überhaupt, wenn die nicht ihre richtigen Eltern wären – hätten sie es ihr dann nicht gesagt? Sagen *müssen*?

Hätten sie es getan? Nein, sie hätten nicht! Es war haargenau das, was ihre Eltern, so, wie sie nun einmal waren, nicht getan hätten, dachte Barbara grimmig.

Sie stand auf und zündete sich eine Zigarette an. Das fiel zwar auch unter die absoluten Verbote – *in meinem Haus wird nicht geraucht* –, war ihr aber im Moment piepegal.

Nachher würde sie eben lüften.

Sollte sie die Eltern fragen? Nein! Sie würde nicht fragen. Noch nicht. Sie würde es selbst herausfinden. Und wenn es stimmte, dann ... ja, was dann? Barbara war mit einem Mal ganz flau zu Mute. Hatte sie dann plötzlich keine Eltern mehr? Schon jetzt, obwohl noch nichts sicher war, sah sie die beiden mit ganz anderen Augen. Mit einem gewissen Abstand. Wie zwei Fremde. Und ohne dass Barbara sich dagegen wehren konnte, kroch ein Gefühl von Kälte in ihr hoch. Kälte und Alleinsein. Mutterseelenallein, fiel ihr ein. Und vaterseelenallein. Gab es das?

Aber vielleicht, nein, ganz sicher war alles ein Irrtum. Bestimmt sogar! So etwas passierte einem doch nicht. So etwas gab es nur im Fernsehen! Jedenfalls nur bei anderen.

Sie wollte trotzdem sichergehen. Schließlich musste es ja irgendwelche Papiere geben. Unterlagen. Amtliche Dokumente. Eine Geburtsurkunde zum Beispiel. Eigentlich merkwürdig, dass sie die noch nie zu Gesicht bekommen hatte.

Gab es doch etwas zu verbergen?

Sie würde es herausfinden. Sobald sich eine Gelegenheit dafür ergab. Wenn sie allein im Haus war. Solange würde sie sich nichts anmerken lassen. Auch Ilona gegenüber nicht. Niemandem gegenüber. Einfach cool bleiben. Sie wollte sich schließlich nicht lächerlich machen.

Als die Mutter zum Abendessen rief, ging Barbara nach unten. Erwartete Vorwürfe. Die Standardfrage nach den Schularbeiten. Wo sie gewesen sei. Gemecker über etwas, das sie getan hatte beziehungsweise mal wieder nicht getan hatte. Das Übliche halt. Die Vorwürfe blieben jedoch aus. Umso besser, dachte Barbara. Mit neutraler Miene setzte sie sich an den schon gedeckten Abendbrottisch. Waffenstillstand.

2

»Sag mal, stimmt was nicht mit dir?« Die Mutter sah Barbara mit diesem teils besorgten, teils vorwurfsvollen Blick an, der ihr in letzter Zeit so auf den Geist ging. »Du bist so kribbelig, so gereizt. Irgendwas in der Schule? Hast du eine Arbeit in den Sand gesetzt?«

»Quatsch!«, antwortete Barbara patzig, Schule! Das war alles, was die interessierte. Arbeiten, Noten, Zeugnisse. Der überlebenswichtige Realschulabschluss. *Mit einem schlechten Abschluss versaust du dir deinen Start ins Berufsleben, Barbara!*

Und wenn schon! Das Berufsleben, das denen für sie vorschwebte, konnten sie sowieso vergessen. War einfach nicht ihr Ding, in irgend so einem miefigen Büro Formblätter abzustempeln. Barbara wollte etwas ganz anderes. Sie wusste zwar selbst nicht so richtig, was, aber es musste etwas sein, das ihr Spaß machte. Etwas, bei dem man seine Phantasie gebrauchen konnte, etwas, das mit Kunst zu tun hatte, etwas Verrücktes! Aber sie wusste, dass die Eltern für solche Träume nicht zu haben waren. Die Mutter vielleicht noch eher, aber der Vater ganz bestimmt nicht!

Kribbelig und gereizt war sie, hatte die Mutter gesagt. Recht hatte sie damit. War ja auch kein Wunder, oder? Seit Tagen ging ihr nichts anderes im Kopf herum: War sie nun ein Adoptivkind oder nicht? Dieses Hin und Her hielt sie nicht mehr lange aus. Sie musste der Sache endlich auf den Grund gehen. Nur war das nicht so einfach. Barbara war praktisch nie allein zu Haus. Selbst wenn die Mutter zum Einkaufen war, konnte jederzeit der Vater hereinplatzen. Von der Werkstatt waren es nur ein paar Schritte zum Haus. Nein, am Tage nach den Papieren suchen, das ging einfach nicht. Blieb der Abend, wenn die Eltern mal zusammen ausgingen. Leider taten sie das so gut wie nie, sie konnte nur warten. Und Warten war noch nie Barbaras starke Seite gewesen! Sie wünschte sich, dass irgendetwas Verrücktes oder auch Schlimmes passierte, damit die Eltern endlich einmal gemeinsam das Haus verließen. Ein Erdrutsch oder Feuer am anderen Ende des Dorfes... alles war ihr recht.

Dann klappte es plötzlich, ohne eine Katastrophe. Die Eltern wurden von Nachbarn eingeladen, Ferienfotos anzuschauen. Das konnte einen ganzen Abend dauern! Barbara würde genügend Zeit haben, nach den Dokumenten zu suchen. Selbst wenn sie die ganze Bude auf den Kopf stellen musste!

Doch würde das wohl gar nicht nötig sein. Sie wusste schon, wo sie anfangen musste. Unten in dem kleinen Raum neben der Küche, den der Vater als Arbeitszimmer bezeichnete, obwohl er ihn eigentlich nur benutzte, um dort, auf dem alten Sofa, ungestört seinen Mittagsschlaf zu halten. Immerhin stand in dem Raum, neben anderen ausrangierten Möbeln, auch ein altmodischer Schreibtisch.

An dem bewussten Abend wartete Barbara, bis die Eltern das Haus verlassen hatten. Sie wartete weiter, bis ihre Mutter noch einmal zurückkam. Was sie immer tat, weil sie immer etwas vergaß. Und nun erst, als Barbara endlich die Gartenpforte ein zweites Mal quietschen hörte, betrat sie das so genannte Arbeitszimmer.

Nur flüchtig hielt sie sich mit den Papieren auf, die auf der Arbeitsplatte des Schreibtisches lagen. Es war nichts Interessantes darunter. Nur alte Rechnungen, Prospekte von Rasenmähern, Bohrmaschinen und ähnlichem Zeug. Die wichtigen Dinge befanden sich in den Schubladen.

Barbara probierte eine nach der anderen. Abgeschlossen.

Na wenn schon! Sie wusste, wo sich der Schlüssel befand. Auf einer Leiste unter der Arbeitsplatte. Das Versteck hatte sie schon vor vielen Jahren gefunden, als sie noch Indianer gespielt und die blöden Bleichgesichter in die Bärenhöhle gelockt hatte. Die Bärenhöhle war der Hohlraum unter dem Schreibtisch gewesen. Den obergefährlichen Bären namens Bubu gab es immer noch. Sein Fell sah nach so vielen Jahren schon ziemlich räudig aus und das linke Ohr fehlte, aber er behauptete immer noch seinen bevorzugten Platz auf dem Bord über dem Kopfende ihres Bettes. Bubu, der treueste Freund von Häuptling Navaja. Navaja, das war sie selbst gewesen. Für Barbara hatte immer festgestanden, dass die Häuptlinge bei den Indianern Mädchen waren. Irgendwo hatte schließlich Gerechtigkeit zu herrschen!

Unwillkürlich musste Barbara lachen. Es gab nicht einmal eine weibliche Form für Häuptling. Häuptlingin? Häuptlingerin? Ob es in einer der Indianersprachen ein Wort dafür gab?

Egal. Barbara besann sich auf ihr Vorhaben. Sie bückte sich, tastete mit der Hand die Leiste entlang. Etwas fiel klappernd zu Boden. Der Schlüssel. Barbara griff danach. Und zögerte plötzlich. Noch konnte sie den Schlüssel zurücklegen und alles vergessen. Dann änderte sie gar nichts.

Wenn sie dagegen in den Schubladen Beweise dafür fand, dass sie tatsächlich ein Adoptivkind war – was war dann? Wollte sie es wirklich wissen?

Doch. Sie wollte! Sie musste es wissen! Also los!

Barbara steckte den Schlüssel ins Schloss. Gleich in der obersten Schublade fand sie, was sie suchte: ein hellbraunes, in Leder gebundenes Buch. *Stammbuch der Familie* stand darauf.

Das war es. Barbara schlug es auf. Auf der Innenseite stand noch einmal dasselbe:

Stammbuch der Familie
und darunter:
Holger Jakob (zum Totlachen. Jakob! Von diesem zweiten Namen hatte sie ja gar nichts gewusst!) **Alsdorf** und
Marie-Luise geborene Werner
Nächste Seite: **Heiratsurkunde der Eltern**
Nächste Seite: **Abstammungsurkunde**
Abstammungsurkunde? Was war das? Mit zunehmender Erregung las Barbara:

Abstammungsurkunde

Seite 1
   Standesamt: Mainau
   Geschlecht: weiblich
   Datum der Geburt: 19. November 1979
   Eltern –

Wieso kein Eintrag bei Eltern? Barbara blätterte um und las:

Seite 2
   Änderung des Geburtseintrags
   Die Vaterschaft ergibt sich aus einem Randvermerk.
   Das Kind ist mit Wirkung vom 21. Februar 1980 von
   den Eheleuten Holger Alsdorf und
   Marie-Luise Alsdorf, geb. Werner, beide wohnhaft
   in Riedbach, Kreis Mainau, gemeinschaftlich
   angenommen worden; die Annahme gründet sich auf
   § 1775 (1) BGB. Das Kind führt nunmehr den
   Geburtsnamen Alsdorf und an Stelle des bisherigen
   Vornamens Silvia die Vornamen Barbara Melanie.

   Der Standesbeamte
   Stempel, Unterschrift

Barbara ließ sich auf den Sessel fallen. Barbara. Silvia. Silvia. Barbara Melanie. Silvia. Barbara. Silvia. Ein Gefühl wie Achterbahnfahren.

Es war also wirklich wahr: Die Eltern waren nicht ihre richtigen Eltern. Sie war nicht ihr richtiges Kind. Sie war auch nicht Barbara. Sie war Silvia, das Kind von ... ja von wem? *Die Vaterschaft ergibt sich aus dem Randvermerk.* Von einem Randvermerk. Von unbekannt. Von niemandem. Ein Findelkind? *Dich hat der Esel im Galopp verloren!* Sprüche, die sie irgendwann mal gehört hatte, fielen ihr ein. Im Fundbüro abgegeben. Gefunden. Eine Fundsache.

Noch einmal und noch einmal las Barbara die Eintragung im Stammbuch. Sie fühlte sich, als hätte ihr jemand einen Schlag in den Magen versetzt. Es war ein Schlag mit der Keule. Dabei hatte sie es ja geahnt.

Blödsinn, sie hatte es nicht geahnt. Sie hatte in letzter Zeit nicht gerade das tollste Verhältnis zu den Eltern, ganz im Gegenteil, dauernd gab es Streit, wegen allem und jedem, aber es stimmte nicht, dass sie etwas geahnt hatte. Wieso denn auch? Wer kommt schon auf so etwas? Wer rechnet schon damit, dass die Eltern plötzlich nicht mehr die Eltern sind?

Moment mal – Eltern? Also die, die sie bisher dafür gehalten hat. Schön, sie sah ihnen überhaupt nicht ähnlich. Sie war überhaupt anders, aber das gab es schließlich auch in anderen, in richtigen Familien. In Familien, wo die Eltern die richtigen Eltern waren und die Kinder die richtigen Kinder.

Aber warum, zum Teufel, hatten sie ihr nichts davon gesagt? Warum musste sie es zufällig erfahren? Von wildfremden Leuten? Im Supermarkt? Wenn die Schmitz es wusste, dann wusste es wahrscheinlich jeder. Jeder hier im Dorf, nur sie nicht.

Wütend warf Barbara das Stammbuch zurück in die Schublade, stieß sie zu und rannte aus dem Zimmer. Doch noch in der Tür machte sie wieder kehrt, öffnete die Schublade noch einmal, legte das Stammbuch genau so hin, wie sie es vorgefunden hatte, schloss mit dem Schlüssel ab und verstaute ihn wieder an seinem Versteck.

Heimlichtuerei, verdammte. Was die konnten, konnte sie auch.

3

»Ehrlich, ich verstehe dich nicht, Babsie, gestern wolltest du doch noch und nun auf einmal ...«

»Nenn mich nicht immer Babsie!«, fauchte Barbara.

»Was geht denn jetzt ab?« Ilona sah ihre Freundin verdutzt an. »Weshalb darf man dich plötzlich nicht mehr Babsie nennen?«

»Ist ein total bescheuerter Name!«

»Auf einmal? Okay, sag ich eben ... also, was soll ich denn nun zu dir sagen?«

»Ich heiße Barbara, verdammt noch mal!«

»Mann, bist du giftig! Wie von 'ner Tarantel gestochen, ehrlich! Aber schließlich war es ja deine Idee, das mit der neuen Disko heute! Jens geht doch auch, oder?«

»Ist mir doch egal!«

»Sag mal, was ist eigentlich los mit dir? Du bist absolut ungenießbar! Das sagen alle!«

»Ach, lass mich doch zufrieden! Lasst mich doch alle zufrieden! Ihr geht mir auf den Geist!«

Wütend warf sich Barbara den Leinenbeutel, in dem sie ihre Schulsachen aufbewahrte, über die Schulter und stapfte grußlos davon.

»Ich glaube, die hat sie nicht mehr alle!« Kopfschüttelnd sah Ilona der Freundin nach. Auch sie war jetzt wütend. »Was bildet die sich eigentlich ein, die Zimtzicke«, murmelte sie.

»Abartig! Erst macht sie alle Leute an, sie sollen heute unbedingt in den neuen Musikschuppen mitkommen, und dann auf einmal tut sie so, als wüsste sie von nichts! Ist auch noch stinkig! Aber so kann die mit mir nicht umspringen! Die denkt wohl, sie kann sich alles erlauben! Einfach alles. Aber jetzt ist Schluss! Und mit so was ist man nun seit dem Kindergarten befreundet!«

Barbara tat ihr Wutanfall schon Leid, bevor sie noch zu Hause war. War es nicht auch ziemlich mies, ihre Gereiztheit ausgerechnet an Ilona auszulassen? Ihrer besten Freundin? Und Jens hatte ebenfalls sein Fett abgekriegt. Aber das war schon lange fällig gewesen. Der mit seinen Triefaugen. Grade eben fünfzehn geworden und bildete sich doch glatt ein, er könnte sie anbaggern! Der Kindskopf! Für sie kam nur ein echter Typ in Frage. Ein Erwachsener. Nicht so ein Milchbubi wie Jens. Hoffentlich hatte der das jetzt endlich geschnallt. Deutlich genug zu verstehen gegeben hatte sie es ihm ja! Dass er ihr Rad jetzt nicht mehr flicken würde, war zwar ärgerlich, musste aber in Kauf genommen werden. Besser, als ihn ständig am Hals zu haben.

Aber vielleicht war sie doch ein bisschen zu biestig gewesen? Nicht nur zu Jens und Ilona? Barbara schüttelte den Kopf. Nein, fand sie nicht. Sollten sie sie doch alle in Ruhe lassen. Trotzdem nahm sie sich vor, wenigstens zu Hause heute die brave Tochter … Moment mal, Tochter? Wessen Tochter? Egal, sie würde heute die Wer-weiß-wessen-aber-brave-Tochter raushängen lassen. Das ersparte weiteres Generve.

Als sie in die Küche kam, saßen die Eltern schon am Tisch.

»Wieso kommst du so spät?«, fragte der Vater unwirsch.

»Kann man nicht mal mehr die Mahlzeiten gemeinsam einnehmen?«

Bitte! Da wollte man nun mal nett sein! »Mein Rad ist kaputt. Ich musste zu Fuß gehen. Dauert eben länger!« Barbara warf den Leinenbeutel auf einen leeren Hocker und setzte sich auf ihren Platz.

»Händewaschen, Barbara!«, sagte die Mutter.

Händewaschen! Zähneputzen! So ging das von morgens bis abends. Die hatten es wirklich raus, einen anzuöden.

Während Barbara sich unterm Spülstein flüchtig die Hände abspülte, füllte die Mutter ihren Teller.

»Was ist überhaupt kaputt an dem Fahrrad?«, wollte der Vater wissen.

»Das Hinterrad hat seit heute Morgen 'n Platten!«

»Schon wieder?« Der Vater runzelte die Stirn. »Zweimal den Reifen kaputtfahren in einer Woche! Man kann doch auch ein bisschen aufpassen, wo man langfährt!«

»Kann ich doch nichts dafür, wenn das dämliche Rad dauernd schlappmacht!«

»Nun werd mal nicht pampig, Fräulein, ja? Das dämliche Rad, wie du dich auszudrücken beliebst, ist ein Citybike, das du ja unbedingt haben musstest und das …«

»… furchtbar viel Geld gekostet hat, ich weiß!« Barbara warf die Gabel hin, die sie noch gar nicht benutzt hatte, sprang auf und lief aus der Tür. Was nützten die guten Vorsätze, wenn die anderen sich nicht daran hielten!

Barbaras Eltern schwiegen eine Weile. Grimmig stocherte Holger Alsdorf in seinem Fleisch herum. »Die wird immer verrückter, die Göre!«

»Aber Holger! Sie ist eben in einem schwierigen Alter!«, versuchte Luise Alsdorf zu vermitteln.

»Ja, ja, ich weiß. Und wie lange dauert so etwas heutzutage? Ich meine, wie lange muss man auf das Fräulein Rücksicht nehmen, ihre Schlamperei ertragen, über ihre Launen hinwegsehen und über die Wutausbrüche?«

»Holger, nun lass doch!«

»Lass doch! Lass doch! Das mit dem Lassen ist deine Spezialität, nicht, Luise? Wenn du ihr nicht immer alles hättest durchgehen lassen, hätten wir jetzt nicht dauernd diesen Ärger!«

»Aber ich hab doch gar nicht ...«

»Ach, hör auf! Du hast ihr immer in allem nachgegeben!«

»Hätte ich Barbara vielleicht prügeln sollen?«, fragte die Mutter erbost. »Ist das deine Vorstellung von gelungener Erziehung?«

»Wer redet denn von prügeln, Herrgott noch mal! Du weißt genau, dass ich das nicht meine! Aber ich bin hier ja der Buhmann, weil die Mutter immer nur nachgibt!«

»Tu ich gar nicht!«, wehrte sich Luise Alsdorf schwach. »Aber Barbara ist so eigensinnig. Das war sie schon immer! Was soll man denn nur dagegen machen?«

»Ein bisschen mehr Konsequenz und das von Anfang an, das hätte ihr gut getan. Aber was rede ich!« Holger Alsdorf stand auf. »Ich glaube, heute wird es doch nichts mehr mit dem Mittagsschlaf. Ist die Göre dran schuld. Die kann einen wirklich auf die Palme bringen! Ich werde gleich wieder in die Werkstatt gehen.«

»Soll ich dir den Kaffee dann rüberbringen?«

»Gut, ja!«

Luise Alsdorf lehnte sich seufzend zurück. Es war nicht das erste und sicherlich nicht das letzte Streitgespräch dieser Art. Und immer lief es aufs Gleiche hinaus. Holger warf ihr vor, zu nachgiebig mit Barbara zu sein. Hatte er Recht? Manchmal, wenn so gar nicht an Barbara heranzukommen war, sie sich total verschloss, hatte auch sie das Gefühl, versagt zu haben. Aber sie konnte nun einmal nicht anders. Sie stand auf und setzte mit automatischen Bewegungen die Kaffeemaschine in Gang. Dann ließ sie sich wieder auf den Küchenstuhl fallen, nahm die unbenützte Gabel von Barbara und zeichnete versonnen mit den Zinken das Karomuster der Tischdecke nach. Dabei lächelte sie in sich hinein. Schon als sie dieses kleine Bündel mit dem roten Flaum auf dem Köpfchen das erste Mal im Arm hatte, wusste sie, dass sie ihm niemals würde widerstehen können. Sie hatte sich vorgenommen, alles zu tun, diesem kleinen Mädchen eine glückliche Kindheit zu bereiten.

Und? War es ihr gelungen? Sie wagte sich diese Frage nicht zu beantworten. Es gelang ihr nicht einmal, die ewigen Streitereien zwischen Vater und Tochter zu verhindern. Immer musste sie den einen vor dem anderen verteidigen. Vor allem Barbara vor ihrem Vater. Dabei verstand sie sie selber oftmals nicht.

Wo ist nur dieser süße, kleine Wonneproppen geblieben, der Barbara als Kleinkind gewesen ist, dachte sie. Der immer fröhliche kleine Wildfang? Wie kommt es nur, dass aus niedlichen, kleinen Mädchen plötzlich mürrische, launische Halbwüchsige werden? Mit zu langen Armen und Beinen, mit Aknepickeln und unfrisierter Mähne, schmutzigen Schuhen und überhaupt unmöglichem Äußeren? Warum benahm Barbara sich in letzter Zeit so abwehrend, so anmaßend und dabei so empfindlich wie eine Mimose? Was haben wir nur verkehrt gemacht? Oder ist tatsächlich alles ganz allein meine Schuld?

Ob ich mal hinaufgehe und mit ihr rede, überlegte sie. Einmal ganz in Ruhe? Doch als sie sich die Unterredung »ganz in Ruhe« mit Barbara ausmalte, ließ sie den Gedanken wieder fallen. Ich hab tatsächlich Bammel vor ihr, musste sie sich eingestehen. So weit ist es schon gekommen. Doch nein, das war nun wohl doch ein wenig übertrieben.

Aber Luise Alsdorf scheute sich vor einer weiteren Auseinandersetzung. Und sie hatte es satt, ständig Puffer zwischen Vater und Tochter zu spielen. Am besten, man ließ das Kind eine Weile in Ruhe. Das Kind? Barbara war kein Kind mehr. Man brauchte sie sich ja nur anzusehen. Vielleicht lag es daran, dass die Verständigung in letzter Zeit so schwierig geworden war. Sie war kein Kind mehr und erwachsen war sie auch noch nicht. Eine schwierige Zeit war das, besonders für ein Mädchen. Wenn der Vater das doch nur einsehen wollte!

Nun, vielleicht sollte man einfach die Nerven bewahren und abwarten, bis Barbara von selbst wieder vernünftig wurde. In anderen Familien war es vermutlich auch nicht anders. Da gab es sicher die gleichen Probleme.

Luise Alsdorf stand auf. Den Abwasch kann ich auch wieder allein machen, dachte sie. Wird Zeit, dass wir uns eine Geschirrspülmaschine anschaffen.

4

Barbara saß auf ihrem Bett und starrte abwesend auf die gegenüberliegende Wand. Wäre sie doch nicht so biestig gewesen. Wenn Mama jetzt heraufkäme, würde sie ihr sagen, dass ihr der Auftritt Leid tat. Und Mama würde ihr mit der Hand durchs Haar strubbeln und vielleicht sagen, dass sie sich mal wieder kämmen müsste und dass alles in Ordnung sei.

Aber sie kam nicht. Und Barbara wollte sie eigentlich auch gar nicht sehen. Und den Vater schon gar nicht. Alle beide nicht. Sie hatten sie betrogen. Betrogen um ihre Vergangenheit. Um fast sechzehn Jahre ihres Lebens, betrogen und belogen.

Barbara starrte immer noch auf die Wand gegenüber dem Bett. Die Wand mit den Starpostern. Es kam ihr plötzlich so vor, als sähe sie die Poster zum ersten Mal. Lauter Idioten, die sie da aufgehängt hatte!

Sie stand auf und riss ein Poster nach dem anderen von der Wand. Marlon Brando mit Lederjacke, als er noch jung war. Das musste ungefähr hundert Jahre her sein! Ein verfetteter alter Fleischkloß war das jetzt. Was ging der sie eigentlich an? Weg damit! Und weg mit David Bowie. Hatte wahrscheinlich auch schon graue Haare. Oder Madonna, die sie früher so toll fand, dabei konnte die nicht einmal singen! Bei Grönemeyer zögerte sie. Aber auf jeden Fall weg mit dem Lackaffenpaar Richard Gere und Cindy Crawford. Waren beide überhaupt nicht ihre Kragenweite. Der Gere sah doch ausgesprochen dämlich aus. Dass ihr das bisher nicht aufgefallen war! Barbara riss Marius Müller-Westernhagen von der Wand und dann doch noch den Grönemeyer, war schließlich auch nicht ihre Generation, warf alles auf die Erde und trampelte mit einer Art Schadenfreude darauf herum. Starposter aufhängen! So was machten kleine, verblödete Mädchen!

Barbara bekam plötzlich *Platzangst*. Sie musste hier raus. Sie musste mit jemandem reden. Mit Ilona. Aber mit der hatte sie es sich erst mal verscherzt. Wie mit Jens. Wie überhaupt mit allen. Barbara verstand selber nicht, warum sie immer so rasch wütend wurde. Hinterher tat es ihr immer Leid. Trotzdem hatte sie es noch nie geschafft, das auch zuzugeben. Lieber würde sie sich auf die Zunge beißen, als sich bei jemandem zu entschuldigen.

Seit Barbara und Ilona sich kannten, und das war eine Ewigkeit, über zehn Jahre, seitdem stritten sie sich und vertrugen sich wieder. Es war meistens Ilona, die nachgab. Sie war das genaue Gegenteil von Barbara. Barbara war von Anfang an die Anführerin bei allen Unternehmungen und Abenteuern gewesen, die Draufgängerin, und Ilona hatte gebremst. Barbara war wild, laut und spontan. Ilona sanft, ruhig, überlegt. Sie waren so verschieden, dass sich alle Welt wunderte, dass sie so dicke Freundinnen waren, und vor allem, dass die Freundschaft so lange gehalten hatte. Genauer gesagt, dass Ilona es so lange mit Barbara ausgehalten hatte. Dabei übersahen sie, dass ein Bremser einen Anführer genauso braucht wie umgekehrt. Einen, der das Risiko übernimmt. Es war schließlich immer Barbara, die über die Zäune kletterte, um Kirschen zu klauen.

Barbara zog sich die Jacke an. Sie *musste* mit Ilona sprechen.

Wie lästig, die zwei Kilometer zu Fuß zu gehen! Und das bei Nieselregen! Für Anfang Oktober war es außerdem ungewöhnlich kalt. Barbara verfiel in eine Art Laufschritt. Wie schon viele Male zuvor, stand sie bald darauf vor Bergmanns Tür. Sie klingelte.

Als hätte ihre Freundin auf sie gewartet, wurde die Tür im gleichen Moment aufgerissen. Aber Ilona machte keine Anstalten, Barbara hereinzulassen, sondern schaute an ihr vorbei. »Was willst du?«

»Nanu?«, kam die verwunderte Stimme von Ilonas Mutter, die heute schon zu Hause war, aus dem Hintergrund. »Willst du deine Freundin draußen stehen lassen? Bei dem Wetter?«

Frau Bergmann, die natürlich keine Ahnung hatte von der jüngsten Reiberei der beiden Mädchen, stieß die Tür weit auf. Barbara profitierte schamlos davon und ging an Ilona vorbei ins Haus.

»Wollt ihr Tee?«, fragte Ilonas Mutter. »Ich mache gerade welchen!«

Frau Bergmann war schlank, trug Jeans und ein T-Shirt von Greenpeace und sah überhaupt nicht wie eine Mutter aus, fand Barbara. Dabei war sie auch nicht mehr jung. So um die vierzig wahrscheinlich. Barbara wünschte, die zu Hause wären so wie Ilonas Eltern. Nicht so alt und nicht so spießig.

»Was zieht ihr denn für Gesichter?«, fragte Frau Bergmann lächelnd und blickte abwechselnd auf ihre Tochter und auf Barbara. »Kleine Meinungsverschiedenheit? Na, macht das mal erst unter euch ab. Der Tee muss sowieso noch ziehen!«

Die beiden Mädchen gingen wortlos in Ilonas Zimmer. Ilona sah stur an ihrer Freundin vorbei. Diesmal hatte Barbara wirklich übertrieben und *sie* würde nicht nachgeben. Sollte die sich für ihr blödes Verhalten erst mal entschuldigen!

Barbara wusste nicht, wie sie anfangen sollte. Sie druckste ein bisschen herum, dann platzte es einfach aus ihr heraus: »Ich bin ein Adoptivkind!«

»Was?«, rief Ilona. »Was bist du?« Das war wohl der absolut schrägste Ablenkungstrick, den man sich denken konnte. Selbst für Barbaras Verhältnisse! »Das glaubst du doch wohl selbst nicht!«

»Mann, es stimmt aber! Ich bin adoptiert worden. Als Baby. Ich bin nicht das Kind von meinen, also von denen …«

Ilona sah ihre Freundin an und fühlte, dass sie es ernst meinte. Ihr Groll war augenblicklich verflogen. Sie zog Barbara auf das Sofa. »Komm«, sagte sie. »Woher weißt du das? Haben sie es dir gesagt? Wann denn? Erzähl mal von Anfang an!«

»Das ist es ja«, rief Barbara, »sie haben es mir nicht gesagt. All die Jahre haben sie nichts gesagt!«

»Aber woher weißt du es denn? Vielleicht stimmt es ja gar nicht!«

»Es stimmt! Ich hab es durch Zufall erfahren. Im Supermarkt, stell dir das vor! Ausgerechnet von der Schmitz, diesem Tratschweib!«

»Der Mutter von der Susi? Das gibt's doch nicht!«

»Doch!« Barbara holte tief Luft und dann erzählte sie ihrer Freundin von dem Erlebnis im Supermarkt. Von dem Gespräch der beiden Frauen, das sie unbeabsichtigt mitbekommen hatte. Wie sie sich zunächst nichts dabei gedacht hatte, sich sogar darüber amüsiert hatte, bis ihr dann plötzlich ein Licht aufgegangen war, wie alles auf einmal zusammenpasste, und sie darauf gekommen war, dass es sich um sie selbst handeln konnte.

»Aber«, versuchte Ilona ihre Freundin zu unterbrechen. »Das beweist doch gar nichts, das Gequatsche der beiden!«

»Ich habe es aber nachgeprüft«, sagte Barbara. »Ich habe mir die Papiere angesehen, das Familienstammbuch. Als meine Eltern nicht da waren. Ich hab heimlich den Schreibtisch aufgeschlossen, du weißt schon, den unten im Arbeitszimmer. Kein Wunder, dass sie die Papiere unter Verschluss hatten!«

»Und was steht darin?«

»Na, dass ich adoptiert bin. Von Holger Jakob Alsdorf und Marie-Luise, geborene Werner. Und dass ich eigentlich Silvia heiße.«

»Das ist ja ein Hammer! Und deine… deine richtigen Eltern?«

»Nichts!«

»Nichts?«

»Nein, über die steht da nichts. Verstehst du, ich komme mir vor, als wenn ich gar nicht ich bin. Ich kann es nicht erklären, es ist ein Gefühl, als hätte ich fünfzehn Jahre lang nur eine Rolle gespielt. Noch dazu im falschen Film!«

»Aber deine Eltern, ich meine deine … also du weißt schon, warum haben sie dir denn nichts gesagt?«

»Das ist ja der Hammer. Dass ich es von Fremden erfahren musste! Zufällig. Womöglich weiß es das ganze Dorf, nur ich, ich hatte keine Ahnung!«

»Also, das glaube ich nicht. Meine Eltern wissen es bestimmt nicht. Da bin ich ganz sicher! Aber warum haben sie dir bloß nichts gesagt?«

»Ich weiß es nicht!«

»Du hast noch nicht mit ihnen gesprochen? Babsie!«

»Nein! Ich …«

»Aber du *musst* mit deinen Eltern darüber reden!«

»Mit meinen Adoptiveltern!«

»Mit deinen Adoptiveltern, meinetwegen.« Ilona legte den Arm um ihre Freundin. »Ich kann dich ja verstehen«, sagte sie. »Aber nun sei doch nicht so schrecklich verbiestert. Deine Eltern, äh, deine Adoptiveltern haben dich großgezogen. Das heißt aber doch, dass sie dich *gewollt* haben! Rede mit ihnen! Soll ich mitkommen?«

»Nein, nein, das kann ich alleine!«

Barbara stand auf und ging entschlossen zur Tür. Doch dann drehte sie sich noch einmal um. »Und du bist mir nicht mehr böse?«, fragte sie beinahe schüchtern.

Ilona ging auf ihre Freundin zu und nahm sie in die Arme. Und auf einmal musste Barbara weinen.

»Blödmann!«, murmelte Ilona.

»Blödfrau!«, gab Barbara schniefend zurück, machte sich von Ilona los und wandte sich zur Tür.

Wie oft, dachte sie auf dem Rückweg, war sie diesen Weg schon gegangen! Hundertmal, tausendmal? Man müsste das mal ausrechnen. Soundsovielmal pro Woche, mal Monate, mal Jahre … Die Buchenhecke von Bergmanns entlang, dann quer über die Straße, durch das Wäldchen, am Feuerwehrhaus vorbei und auf die Hauptstraße.

Es war der bekannte, der gewohnte Weg. Alles war wie sonst. Wie gestern. Wie vorige Woche. Trotzdem kam es ihr so vor, als wären Jahre vergangen, seit sie diesen Weg das letzte Mal gegangen war.

5

Nach dem Gespräch mit Ilona wollte Barbara eigentlich sofort mit ihren Eltern beziehungsweise ihren Adoptiveltern oder Stiefeltern – sie wusste einfach nicht, wie sie sie jetzt für sich nennen sollte, das eine wie das andere kam ihr komisch vor –, also mit DEN Eltern reden. Doch merkwürdigerweise tat sie es dann doch nicht und auch an den folgenden Tagen schwieg sie.

Warum sie das Gespräch hinauszögerte, konnte sie sich selbst nicht erklären. Oder vielleicht doch? Doch, ja. Solange sie nichts sagte, nichts von ihrem Wissen preisgab – mit Ilona war das etwas anderes –, solange konnte sie so tun, als ob überhaupt nichts passiert wäre. Sie blieb weiter das Kind von Holger und Luise Alsdorf. Alles wie gehabt. Basta.

Redete sie aber, würde sich ihr Verhältnis zueinander schlagartig ändern. ALLES würde sich ändern. Es war diese Endgültigkeit, die sie vor der Aussprache zurückschrecken ließ. Nein, sie musste erst mal selbst damit fertig werden. Sie wusste ja nicht einmal, wer sie war. Barbara Alsdorf? Silvia Dingsbums? Wenn man nicht weiß, wer man ist, ist man überhaupt niemand. Und so kam sie sich auch vor. Ein Niemand. Sie musste unbedingt herausfinden, wer ihre wirklichen

Eltern waren! Das schien ihr das Allerwichtigste. Sie hatte zwar keine Ahnung, wie sie das anstellen sollte, aber sie würde es schaffen.

Barbara war sich darüber im Klaren, dass es völlig unsinnig war, sich ein Bild ihrer leiblichen Eltern machen zu wollen. Sie hatte überhaupt keine Anhaltspunkte. Sie wusste weder, wie sie hießen, noch, wie alt sie waren, wo sie lebten, oder ob sie überhaupt noch lebten. Und trotzdem begann sich in diesen Tagen in ihrer Vorstellung unwillkürlich ein Bild dieser unbekannten Eltern zu bilden. Ein Bild, das sich von dem DER Eltern erheblich unterschied und das merkwürdigerweise mehr und mehr dem von Frau und Herrn Carsten glich.

Frau Carsten war ihre Klassenlehrerin. Sie unterrichtete Deutsch. Das einzige Fach, bei dem Barbara nicht die Füße einschliefen. Wenn man vom Kunstunterricht absah. Die »Rote Carsten«, wie sie wegen ihrer linken Einstellung in der Schule genannt wurde, war Barbaras Lieblingslehrerin. Sie war anders als die anderen Lehrer, anders als die Eltern und überhaupt alle Erwachsenen, die Barbara kannte. Die Carsten laberte nicht nur, sondern hörte zu. Außerdem war sie die Einzige, die es raushatte, den Unterricht spannend zu machen. Im Augenblick übte sie mit Barbaras Klasse ein Theaterstück ein, das zum Schulabschluss aufgeführt werden sollte. Ein Stück, das die Klasse selbst geschrieben hatte. Es hieß »Eiskalter Sommer«. Ein Schülerdrama, in dem es um Ausländerhass ging. Barbara war für die Bühnenbilder verantwortlich.

Häufig traf sich die Theater-AG nachmittags bei Frau Carsten. Meistens war dann auch ihr Mann dabei. Er arbeitete anscheinend zu Hause. Hatte irgendetwas mit Design oder Werbung zu tun.

Herr Carsten war auf den ersten Blick kein Typ zum Verlieben. Eine dürre Bohnenstange, kahl auf dem Kopf, die untere Gesichtshälfte dafür von einem Bart zugewachsen, Marke Späthippie. Auf der Nase trug er eine affige, ständig rutschende Halbbrille. Alles Dinge, die Barbara nicht ausstehen konnte. Verwunderlich war nur, dass er, während sie diskutierten, Teetassen, Aschenbecher und Kekse verteilte, schmutzige Gläser einsammelte oder geduldig immer wieder zur Haustür lief, um die nächsten Ankömmlinge einzulassen. Machte wahrscheinlich sogar den Abwasch! Ganz anders als ihr Vater. Der bediente niemanden, sondern ließ sich bedienen. Ein Macho eben!

Barbara war es peinlich gewesen, als Herr Carsten ihre Entwürfe für die Bühnenbilder sehen wollte. Für einen Profi waren ihre Zeichnungen doch nichts als Stümperei. Sie wusste ja, was die Eltern davon hielten, nämlich nichts. Die sahen es lieber, wenn sie ihre Energie auf Mathe und Bio konzentrierte, Fächer, in denen sie mit viel Glück eine Vier zu erwarten hatte.

Herr Carsten besah sich ihre Skizzen, was eine ganze Weile dauerte, und dann fragte er sie – fragte! –, ob er ihr ein paar Ratschläge geben dürfe. Barbara war natürlich einverstanden, und während sie über Farben, Motive und Perspektiven diskutierten, hatte sie das Gefühl, dass es wider Erwarten doch etwas gab, wofür sie nicht zu dämlich war. Barbara glaubte nicht wirklich, dass es zu einem künstlerischen Beruf reichen würde, aber es tat immerhin gut, von einem, der sich auskannte, einen Moment lang ernst genommen zu werden.

Für Barbara hatte es immer festgestanden, dass sie nie heiraten würde. Heiraten war total spießig! Aber seit dem Gespräch mit Herrn Carsten konnte sie sich vorstellen, es doch eines Tages zu tun. Es müsste dann ein Mann sein wie er. Natürlich nicht ganz genauso, nicht so dürr und nicht so alt.

Aber der gleiche Typ. Auch ihre spätere Wohnung stellte Barbara sich so vor wie die von Carstens. Voller Bilder und Bücher und mit einem Strandkorb zum Lümmeln mitten im Wohnzimmer. Das musste ein ganz anderes, auf jeden Fall interessanteres Leben sein als das zu Hause zwischen Blumenübertöpfen und Keramikenten und viel zu hoch aufgehängten Alpenlandschaften und Seidenblumensträußen und Polstersesseln. Da unterhielt man sich auch bestimmt über anderes als über Holzpreise, das neue Auto oder die letzte Fernsehshow. So wie die beiden Carstens stellte Barbara sich ihre Eltern, ihre richtigen Eltern vor. DIE Eltern würden sich nie ändern.

Zu der Aussprache mit den Eltern kam es ungeplant. Auslöser war ein Streit, wie er jetzt so oft zwischen ihr und dem Vater ausbrach. Natürlich war sie wieder schuld. Und es ging um das, was für die Eltern offensichtlich am wichtigsten war: um Geld.

Dass dicke Luft war, merkte Barbara schon, als sie an diesem Mittag aus der Schule kam. Sie konnte es an der Miene des Vaters sehen. Total sauer. Zuerst dachte sie, dass ihr Zuspätkommen der Grund sei. Aber sie hatte sechs Schulstunden gehabt und hinterher noch mit Frau Carsten wegen des Theaterstücks sprechen müssen.

Barbara wollte gerade zu einer entsprechenden Erklärung ansetzen, da fuhr sie der Vater barsch an: »Sag mal, auf dich ist wohl überhaupt kein Verlass mehr, was?«

»Wieso?«, konnte Barbara nur antworten.

»Ich hab dir doch neulich einen Brief gegeben und dich gebeten ihn auf dem Schulweg bei der Post vorbeizubringen, oder?«

Barbara konnte sich so schnell nicht erinnern. »Einen Brief?«, fragte sie.

»Ja, und zwar einen sehr wichtigen! Das habe ich dir auch gesagt. Es war der Kostenvoranschlag für Meyers. Für den gesamten Dachinnenausbau. Der hätte am nächsten Tag dort sein sollen!«

Jetzt dämmerte es Barbara. »Oh«, machte sie nur.

»Ich habe dir gesagt, dass er wichtig ist. Und du, was hast du gemacht?«

»Ich –« Barbara konnte sich nicht genau erinnern. Vor allem nicht daran, ob sie den Brief eingesteckt hatte. Verdammt, wo hatte sie ihn nur gelassen? Aber das sollte sie gleich erfahren.

»Wir haben ihn gefunden, den Brief. Fleckig und zerknittert in deinem Müllhaufen da oben.«

»Ihr habt in meinem Zimmer rumgewühlt?«, fragte Barbara erbost.

»Nun mal langsam, Fräulein.« Der Vater kniff die Augen zusammen, was er immer tat, wenn er zornig war. »Man gibt dir den Auftrag, einen wichtigen Brief zur Post zu bringen, und du vergisst es einfach. Weil es dir egal ist!«

»Tut mir Leid«, sagte Barbara.

»So, es tut dir Leid! Ist das alles, was du dazu zu sagen hast? Der Auftrag ist uns durch deine Schlamperei durch die Lappen gegangen. Ein Auftrag, der die Werkstatt volle drei Monate ausgelastet hätte. Und nur, weil es dem gnädigen Fräulein zu mühsam war, einen Umweg zur Post zu machen!«

»Ich hab ja gesagt, es tut mir Leid«, sagte Barbara bockig.

»Du bist absolut verantwortungslos, das bist du!«

»Holger ...«, mahnte die Mutter.

»Ach was, Holger«, rief der Vater wütend, »Barbara ist fast sechzehn und benimmt sich wie, wie ... also, ich kapiere das einfach nicht!«

Barbara sprang auf. »Ihr hättet mich eben nicht adoptieren sollen!«, schrie sie.

Einen Moment herrschte Stille in der Küche.

Die Mutter starrte sie nur an und begann mechanisch das Küchenhandtuch zu kneten, das sie gerade in der Hand hielt.

Dem Vater blieb buchstäblich der Mund offen stehen. Schließlich würgte er heraus: »Woher weißt du das?«

»Woher ich das weiß? Im Supermarkt habe ich es erfahren. Ausgerechnet im Supermarkt! Von zwei Tratschweibern. Der Schmitz und noch so einer. Die haben sich darüber die Mäuler zerfranst!«

»Das habe ich befürchtet, die ganze Zeit befürchtet«, sagte die Mutter unglücklich.

»Dass ich es so, im Supermarkt oder auf der Straße oder vielleicht auf dem Marktplatz erfahre? Von wildfremden Leuten? Warum habt ihr es mir dann nicht gesagt?« Barbara konnte sich kaum beruhigen.

»Komm, Barbara, setz dich wieder. Lass uns in Ruhe darüber reden«, bat Holger Alsdorf.

Die Mutter machte eine Bewegung, als wenn sie den Arm um Barbara legen wollte, aber die entwand sich ihr abrupt.

»Wir haben es für das Beste gehalten«, sagte der Vater. »Wir befürchteten, dass es dich nur verwirrt, wenn du erfährst, dass du sozusagen zweimal Eltern hast.«

»Ja«, unterstrich die Mutter. »Wir haben gemeint, dass das für ein kleines Kind nicht gut ist. Dass es friedlicher aufwächst, wenn es nichts erfährt.«

»Aber ich bin schon lange kein kleines Kind mehr! Ihr hättet es mir sagen können! Sagen *müssen*! Anscheinend weiß es jeder hier im Dorf, einfach jeder, nur ich nicht! Ich komme mir vor wie ... wie hintergangen!« Barbara standen vor Wut Tränen in den Augen.

»Barbara, Babsie –« Wieder wollte die Mutter Barbara in die Arme nehmen, aber die wehrte sie diesmal noch heftiger ab.

»Nun komm«, versuchte es der Vater wieder. »Nun beruhige dich doch erst mal. Komm schon, setz dich wieder hin!«

»Ich steh lieber!«

»Wir wollten immer ein Kind«, begann die Mutter zu erklären. »Aber wir konnten kein eigenes kriegen! Wir haben alles versucht. Sind von Arzt zu Arzt gelaufen. Es hat alles nichts genützt. Da haben wir uns um eine Adoption bemüht. Und haben dich bekommen.«

»Ich bin also so eine Art Ersatz! Dein Ersatzkind! Ist ja toll! Zur Befriedigung deiner Muttergefühle!«

»Barbara!«, rief der Vater ungehalten, doch die Mutter unterbrach ihn rasch. »Wir hätten es ihr eben doch sagen sollen, Holger!«

»Ach ja?«, rief der Vater. »Du siehst doch, wie sie es aufnimmt!«

»Viel, viel früher hätten wir es ihr sagen müssen! Ich war immer dafür.«

»Und du glaubst, dann hätte sie es besser verstanden als jetzt? Wann wäre denn der richtige Zeitpunkt gewesen, deiner Meinung nach? Als Kleinkind, als sie ständig mit den Asthmaanfällen zu kämpfen hatte, ja? Oder später dann, als Schulkind, wo sie ebenfalls Schwierigkeiten hatte? Und was für Schwierigkeiten! Die ja wohl immer noch nicht ganz ausgestanden sind, nicht?«

Barbara wollte etwas sagen, doch der Vater ließ sie nicht zu Wort kommen: »Wann ist denn der passendste Moment für so eine Eröffnung? Doch wohl dann, wenn die eigene Persönlichkeit gefestigt ist, sich nicht mehr ausschließlich mit Problemen auseinander setzen muss, die das Heranwachsen offenbar so mit sich bringt, oder?«

»Es wäre besser gewesen, es ihr so früh wie möglich zu sagen. Richtiger«, beharrte die Mutter.

»Unsinn, ich bin nach wie vor der Ansicht ...«

Barbara sah von einem zum anderen. Da redeten sie über sie wie über eine Sache. Die hatten nichts, aber auch gar nichts begriffen. Immer noch wurde sie behandelt, als könnte sie nicht selber über sich entscheiden. Ja, als ginge sie selbst ihr Leben am wenigsten an. Wieder kroch die Wut in Barbara hoch. »Ihr habt mich betrogen«, rief sie. »Fünfzehn Jahre lang betrogen habt ihr mich! Betrogen und belogen!«

»Jetzt reicht es aber!«, rief der Vater, nun ebenfalls aus der Fassung gebracht. »Wir haben dich adoptiert, weil wir das Beste für dich wollten!«

»Weil ihr das Beste für *euch* wolltet. Ein Kind, damit ihr Vater und Mutter spielen konntet, jemanden, über den ihr bestimmen könnt!«

»Ich glaube, du machst dir gar nicht klar, was aus dir geworden wäre, wenn wir dich nicht adoptiert hätten«, sagte der Vater. »Im Heim wärst du gelandet. Überleg dir das mal!«

»Holger!«, sagte die Mutter wieder warnend.

Der Vater achtete nicht darauf. »Es ist doch so!«

Barbara schaute ihn ungläubig an. Der hält mich wirklich für bekloppt, dachte sie. Wenn sie mich nicht adoptiert hätten, hätten es andere getan. Es gibt viel mehr Leute, die Kinder adoptieren wollen, als Kinder, die adoptiert werden können. Das weiß jeder Depp. Viel mehr quälte sie die Frage: Warum gerade sie? Was war mit ihren richtigen Eltern?

»Bin ich eine Waise?«, fragte sie.

»Nein.« Die Mutter war froh, dass Barbara eine normale Frage stellte. Vielleicht legte sich ja ihre Wut langsam. »Du bist keine Waise. Deine leiblichen Eltern haben dich zur Adoption freigegeben. Und wir haben dich bekommen.«

»Aber wer sind meine richtigen Eltern?«

Die Mutter zuckte bei den *richtigen Eltern* unwillkürlich zusammen. »Das wissen wir auch nicht. Es war eine anonyme Adoption.«

»So läuft das meistens«, sagte der Vater. »Die leiblichen Eltern wissen nicht, in welche Familie das Kind kommt, und wir, die Adoptiveltern, wissen nicht, wer die leiblichen Eltern sind.«

»Ich will es aber wissen. Ich will wissen, wer ich bin. Wer ich wirklich bin! Wer meine richtigen Eltern sind!«

»Aber das bringt doch nichts, Barbara. Nach so langer Zeit! Wer weiß, vielleicht leben sie gar nicht mehr!«

»Warum sollten sie nicht? Ich will wissen, wer ich bin, ob es euch nun passt oder nicht!«

Barbara drehte sich abrupt um und verließ die Küche.

Die Mutter sprang auf und wollte ihr folgen. Doch der Vater hielt sie zurück. »Bleib hier«, sagte er. »Ich glaube, sie braucht jetzt eine Weile für sich! Es muss ein ziemlicher Schock für sie gewesen sein!«

6

Es hätte keinen Sinn, nach ihren richtigen Eltern zu suchen, hatte der Vater gesagt. Für mich hat es Sinn, dachte Barbara. Wenn sie noch leben, und warum sollten sie eigentlich nicht mehr leben, dann will ich sie kennen lernen. Dass DIE das nicht verstehen! Ich kann doch jetzt nicht mehr so tun, als wenn nichts passiert wäre, als wenn ich nicht erfahren hätte, dass ich andere Eltern habe. Ich will, verdammt noch mal, wissen, wer ich bin!

Sie würde es eben ohne die Hilfe der Eltern versuchen. Aber sie wusste nicht, wie sie es anstellen sollte. An wen wandte man sich da? An irgendein Amt? Sie musste jemanden fragen. Aber wen? Als Erstes fiel ihr Ilonas Mutter ein. Mit der konnte man über vieles reden. Doch gleich verwarf sie den Gedanken wieder. Ilonas und Barbaras Eltern kannten sich seit Jahren. DIE würden sofort Wind von der Sache bekommen. Ilonas Mutter kam nicht in Frage. Aber vielleicht Frau Carsten?

Obwohl Barbara eigentlich nicht schüchtern war, schob sie es tagelang vor sich her, mit ihrer Lehrerin zu sprechen. Doch eines Nachmittags ging sie einfach hin.

Auf ihr Klingeln öffnete Herr Carsten. Er hielt ein Brötchen in der Hand. »Hallo, Barbara«, begrüßte er sie kauend.

»Ist Ihre Frau da?«, fragte Barbara unsicher.

»Im Moment nicht, kommt aber gleich wieder! Kann nicht mehr lange dauern! Komm doch rein. Setz dich. Willst du auch etwas essen? Oder trinken?«

Barbara schüttelte nur den Kopf. Es war ihr unbehaglich, hier allein mit Herrn Carsten zu sein. War wohl doch keine so gute Idee gewesen, die Carsten unangemeldet zu besuchen.

»Was machen die Bühnenbilder?«, erkundigte sich Herr Carsten interessiert. »Kommst du voran?«

»Ja, schon, aber es ist eine ganze Menge Arbeit. Die großen Flächen ...«

»Sag mal, du kommst doch nächstes Jahr aus der Schule, nicht wahr?«

»Hm«, machte Barbara.

Herr Carsten lächelte. »Sieht es so finster aus?«

»Na ja –« Barbara zuckte die Schultern. »Ich weiß nicht, ob ich den Realschulabschluss schaffe. Ich bin eine Niete, wissen Sie. Es gibt nur zwei Fächer, in denen ich mithalten kann: Deutsch und Kunst. Leider!«

»Was heißt leider? Wenn du mich fragst, sind das die einzigen Fächer, auf die es ankommt! Was willst du denn nach der Schule machen? Schon 'ne Idee?«

Wieder zuckte Barbara mit den Schultern.

»Irgendetwas Künstlerisches?«

Barbara stieß die Luft aus. »Da kennen Sie meine Eltern schlecht. Für die sind alle Leute, die mit so etwas zu tun haben, Spinner!« Barbara wurde rot, als ihr einfiel, dass dann ja auch Herr Carsten zu den *Spinnern* gehörte. »Ich soll was *Anständiges* lernen«, fuhr sie verlegen fort. »So etwas wie Sachbearbeiterin bei der Krankenkasse oder beim Katasteramt! Ich hoffe nur, dass die jemanden wie mich nicht nehmen!« Automatisch warf Barbara ihre Mähne zurück.

Herr Carsten lachte. »Das Katasteramt könnte jemanden wie dich gut gebrauchen. Ich war mal da. Ist innen und außen grau. Einschließlich der Leute, die dort arbeiten. Du könntest alles lila anmalen.«

Jetzt musste auch Barbara ein bisschen lachen.

In diesem Moment ging die Tür auf. Es war Frau Carsten.

»Ich lass euch allein«, sagte ihr Mann und verschwand im Nebenzimmer.

Frau Carsten schien nichts dabei zu finden, dass Barbara sie besuchen kam, obwohl es wegen des Theaterstücks und der Dekoration im Moment nichts zu besprechen gab. Zu ihr kamen oft Schülerinnen mit irgendwelchen Anliegen. Und dass Barbara seit einiger Zeit etwas bedrückte, war ihr nicht entgangen.

»Setz dich doch!«, forderte sie sie auf. »Was ist los?«

»Ich …« Barbara wusste plötzlich nicht, wie sie anfangen sollte.

Frau Carsten sah sie aufmunternd an.

»Ich bin ein Adoptivkind«, sagte Barbara ohne Übergang.

»Tatsächlich?« Frau Carsten sah ihre Schülerin aufmerksam an. »Davon hatte ich ja keine Ahnung!«

»Ich auch nicht«, sagte Barbara, »bis jetzt jedenfalls nicht. Ich hab es durch Zufall erfahren!«

»Na, das ist ja eine schöne Geschichte!« Frau Carsten stand auf und goss aus einer Thermoskanne Kaffee in zwei Becher. »Und deine Eltern –«

»Meine Adoptiveltern!«, unterbrach Barbara sie.

»Richtig. Sie haben dir nichts davon gesagt?«

»Nein, sag ich doch, ich hab es durch puren Zufall erfahren. Im Supermarkt.«

»Mein Gott, Barbara, das tut mir Leid für dich! Habt ihr denn jetzt wenigstens zusammen darüber gesprochen?«

»Ja«, sagte Barbara kurz. »Aber ich will wissen, wer meine richtigen Eltern sind.«

»Deine leiblichen Eltern«, verbesserte Frau Carsten. »Ja, das kann ich gut verstehen.«

»Aber DIE wollen das natürlich nicht!«.

»Kannst du das nicht ein bisschen nachempfinden?«, fragte Frau Carsten begütigend. »Sieh mal, sie haben dich großgezogen, für sie bist du ihr Kind. Und nun auf einmal ...«

»Aber ich muss es wissen! Ich komme mir vor, als fehlten mir fünfzehn Jahre! Ich muss wissen, wer ich bin und«, Barbara wurde merklich leiser, »und warum sie mich nicht behalten, ich meine, warum sie mich weggegeben haben!«

»Dafür kann es viele Gründe geben, Barbara. Weißt du, deine Mutter kann in Schwierigkeiten gesteckt haben. Vielleicht war sie bei deiner Geburt noch sehr jung. Vielleicht stand sie ganz allein da, ohne Familie! Vielleicht hat sich der Vater, dein Vater, vor der Verantwortung gedrückt, so etwas kommt ja oft genug vor. Du solltest wirklich noch mal in Ruhe mit deinen Adoptiveltern über alles reden!«

»Das bringt doch nichts!«

»Soll ich es vielleicht tun?«

»Nein!«, sagte Barbara entschieden. »Das hat überhaupt keinen Zweck. Angeblich wissen sie nicht, wer meine wirklichen Eltern sind.«

»Das wird schon stimmen, Barbara. Aber hör mal, wenn du unbedingt wissen willst, wer deine Eltern sind, kannst du das auch allein herausfinden. Es gibt seit ein paar Jahren so ein Gesetz. Neulich haben wir gerade im Kollegium darüber gesprochen. Danach haben Adoptivkinder das Recht, nach ihren leiblichen Eltern zu forschen. Wenn sie sechzehn sind. Das ist eine neue Regelung, soviel mir bekannt ist. Vorher war das nicht möglich. Aber jetzt darfst du deine Akten einsehen.«

Barbara horchte auf. »Was für Akten? Und wo muss ich da hingehen?«

»Zum Jugendamt. Es sind die Jugendämter, die die Adoptionen vermitteln. Und die müssen auch die Akten darüber haben. Da kannst du sie einsehen!«

»Aber erst mit sechzehn!«, sagte Barbara enttäuscht.

»Na, du bist doch bald sechzehn, oder?«, fragte Frau Carsten. »Wann hast du noch mal Geburtstag?«

»Im November. Am 19. November.«

»Na also. Das sind ja nur noch ein paar Wochen. So lange wirst du doch noch warten können, oder? Weißt du, du solltest die Zeit nutzen, um mit deinen Adoptiveltern wieder ins Reine zu kommen. Natürlich, es war ein Fehler, dich nicht frühzeitig aufzuklären. Aber ich bin sicher, sie haben geglaubt, das Richtige damit zu tun. Ich kenne deine Eltern, Barbara! Weißt du, wer ein Kind adoptiert, der hat sich wirklich eines gewünscht! Denk doch mal darüber nach!«

Als Barbara nach Hause ging, konnte sie trotz der Worte von Frau Carsten nur an eines denken: In fünf Wochen werde ich sechzehn und dann habe ich das Recht, nach meinen wirklichen Eltern zu forschen. Und ich werde von meinem Recht Gebrauch machen. Und wenn sie sich alle auf den Kopf stellen!

7

In den nächsten Tagen wurde in der Familie kaum miteinander gesprochen. Barbara kam es vor, als stände eine Wand zwischen den Eltern und ihr. Eine Wand aus Plexiglas, durch die man zwar hindurchsehen konnte, aber nicht an den anderen herankam. Lediglich die Mutter machte Versuche, die alte Vertrautheit wiederherzustellen, aber ihre betont muntere Art und ihre beinahe untertänige Freundlichkeit gingen Barbara noch mehr auf die Nerven als das mürrische Gebrumme des Vaters.

Dass die Mutter ein Schuldgefühl gegenüber Barbara empfand, während der Vater immer noch überzeugt davon war, richtig gehandelt zu haben, machte die Dinge nicht einfacher. Von der Ungezwungenheit, die bislang trotz der vielen kleinen Streitereien zwischen ihnen bestanden hatte, war jedenfalls nichts übrig geblieben. Stattdessen wurde vorsichtig umeinander herumgeschlichen. Alle drei versuchten Tretminen zu vermeiden, die bei jedem falschen Wort hochgehen konnten. Ein verkrampfter Zustand, aus dem immer schwieriger herauszufinden war, je länger er anhielt.

Barbara konnte die Eltern auch nicht mehr mit Mama und Papa anreden. Sie brachte es einfach nicht mehr über die Lippen. Da sie nicht wusste, was sie sonst zu ihnen sagen sollte, umging sie die direkte Anrede.

Und Barbara ließ alles schleifen. Ihre Freunde, ihre Hobbys. Sie unternahm kaum noch etwas mit Ilona, wollte mit Jens schon gar nichts mehr zu tun haben, ging nicht mehr in die Disko, machte nicht einmal mehr Fotos. Dabei war Fotografieren ihre große Leidenschaft. Seit die Eltern ihr zum zwölften Geburtstag eine Kleinbildkamera geschenkt hatten, nahm sie alles auf, was ihr vor die Linse kam. Gesichter und Landschaften, Gebäude, Vögel, Gräser. Einfach alles. Doch jetzt hatte sie die Lust am Fotografieren verloren. Und die Schule war Barbara erst recht ein Gräuel. Selbst an dem Theaterstück hatte sie kein Interesse mehr. Mit Ach und Krach stellte sie die Bühnenbilder fertig. Sie hatte die Lust daran verloren, sie hatte überhaupt zu nichts mehr Lust.

Die Nachmittage brachte sie damit zu, in ihrem Zimmer auf dem Bett zu liegen, Musik zu hören und die jetzt kahle Wand anzustarren. Dabei rauchte sie. Den unvermeidlichen Krach wegen des Qualms nahm sie in Kauf.

Eines Tages hielt Frau Carsten sie nach der letzten Schulstunde zurück. »Hör zu, Barbara«, begann sie ohne Umschweife, nachdem die letzten Schüler die Klasse verlassen hatten, »so geht das nicht weiter mit dir! Wenn du dich nicht ein bisschen anstrengst, vermasselst du dir das Abschlusszeugnis! Die letzte Deutscharbeit war eine absolute Katastrophe! Du hast das Thema total verfehlt. Na, und Biologie ist auch nicht berühmt. In Englisch, hab ich gehört, stehst du auf einer schwachen Vier und Mathe ...«

»... auf 'ner starken Fünf!«, vollendete Barbara den Satz.

»Du weißt also Bescheid. Ist dir das denn vollständig egal?«

Barbara zuckte nur mit den Achseln.

»Sag mal, Barbara, was ist los mit dir?«

»Was soll schon los sein?«

»Ist es diese Adoptionsgeschichte?«

Barbara antwortete immer noch nicht.

»Nun will ich dir mal etwas sagen, Barbara: Ich weiß, dass es ein Schock für dich war, und ich kann das auch gut verstehen ...«

»Aber?«, unterbrach Barbara aggressiv.

»Aber«, fuhr Frau Carsten unbeirrt fort, »das ist noch lange kein Grund, sich total hängen zu lassen, alle Welt vor den Kopf zu stoßen und, Barbara, lass es mich dir sagen, sich in einen regelrechten Hass gegen seine Mitmenschen hineinzusteigern!«

Barbara setzte zu einer Erwiderung an, aber ihre Lehrerin ließ sie nicht zu Wort kommen. »Ich weiß, es geht mich vielleicht nichts an. Aber ich kenne deine Eltern seit Jahren. Jedenfalls gut genug, um mir ein Bild machen zu können. Glaub mir, du hast es nicht schlecht getroffen. Deine Eltern haben gut für dich gesorgt, sie haben ...«

»... sie haben mich betrogen!«

»Barbara! Glaubst du nicht, dass es an der Zeit ist, mit diesem Selbstmitleid aufzuhören? Du bist nicht die Einzige, die adoptiert wurde. Kennst du den Stefan Harms zum Beispiel aus deiner Parallelklasse?«

»Hm.«

»Der ist auch ein Adoptivkind.«

»Der?«, fragte Barbara ungläubig. Den Stefan kannte sie. Von dem hätte sie das am allerwenigsten vermutet.

Frau Carsten schien ihre Gedanken zu erraten. »Sieht man ihm gar nicht an, nicht wahr? Ist nicht unterernährt, hat keine Prügelnarben, läuft nicht in Lumpen herum oder ist sonst irgendwie verwahrlost! Dem Stefan sieht man es genauso wenig an wie dir. Dagegen könnte ich dir Geschichten erzählen von Mitschülern, die die leiblichen Kinder ihrer Eltern sind, das würdest du nicht für möglich halten!«

»Was gehen mich die an!«

»Nichts, gar nichts, so, wie du das siehst. Was gehen einen schon seine Mitmenschen an? Und womöglich ihre Probleme, nicht wahr, Barbara? Aber deine eigenen, die gehen dich immerhin etwas an. Deine Noten zum Beispiel. Also reiß dich ein bisschen am Riemen, ja? Du weißt, du kannst von mir jede Hilfe bekommen, aber ein bisschen musst du schon selber tun. Sag mal, was machst du eigentlich den ganzen Tag?«

»Ich warte«, sagte Barbara.

»Du wartest? Dass sich die Schularbeiten von allein machen?«

»Dass ich sechzehn werde!«

»Barbara, ich geb es auf!«

Soll sie doch, dachte Barbara auf dem Heimweg. Soll sie es aufgeben, mich zu nerven. Und was den dämlichen Abschluss anbelangt, je schlechter der ausfällt, desto geringer ist die Gefahr, irgend so einen blöden Ausbildungsplatz zu kriegen. *Am Riemen reißen!* Die Carsten redet schon genauso wie die zu Hause! Sollen sie mich doch alle zufrieden lassen! Sie kam allein zurecht. Der Titel einer Fernsehserie fiel ihr ein: »Allein gegen die Mafia«. Wenn man »Mafia« mit »Erwachsene« austauschte, kam das ihrer Situation schon ziemlich nahe.

Barbara schüttelte den Kopf. Nun übertrieb sie wohl doch wieder. Und vielleicht hatte die Carsten ja auch gar nicht so Unrecht. Es stimmte schon: Die Eltern hatten immer gut für sie gesorgt. Und sie selbst war manchmal ziemlich eklig.

Barbara nahm sich vor, heute der Mutter beim Abwasch zu helfen.

Das Essen verlief in dieser unnatürlich ruhigen Atmosphäre, die jederzeit umschlagen konnte. Nachdem der Vater sich zurückgezogen hatte, um seinen Mittagsschlaf zu halten, stand auch Barbara auf: »Ich mache den Abwasch heute!«, sagte sie zu ihrer Mutter.

Die sah sie überrascht an. »Na schön«, sagte sie dann erfreut. »Aber soll ich nicht wenigstens abtrocknen?«

»Wenn du willst …«

Sie arbeiteten schweigend. Man hörte nur das Klappern der Töpfe und des Geschirrs. Schließlich war nur noch der Tisch abzuwischen. Die Mutter tat das besonders gründlich. Immer noch einmal und noch einmal strich sie über das Wachstuch. Dann gab sie sich einen Ruck. »Hör zu, Barbara«, sagte sie. »Wir haben uns etwas überlegt.«

Barbara sah auf, sagte aber nichts.

»Also«, begann die Mutter noch einmal. »Wir finden, wenn du willst, also, wenn es dir lieber ist, kannst du uns mit den Vornamen anreden. Du bist ja fast erwachsen und da ist dieses Mama und Papa irgendwann kindisch, nicht?«

Jetzt war es an Barbara, überrascht zu sein. *Das* hätte sie den Eltern niemals zugetraut. Die mussten über ihren eigenen Schatten gesprungen sein. Total moderne Anschauungsweise. Es würde die Sache erleichtern. Sie würde nicht immer zögern müssen, wenn sie die beiden anreden wollte.

»Sag einfach Luise und Holger!«, sagte die Mutter beinahe schüchtern. »Wenn du willst!«

Barbara ließ die Spülbürste ins Becken fallen, stand einen Augenblick unschlüssig, dann machte sie einen Schritt auf die Mutter zu und warf sich ihr in die Arme. »Ja, Mama«, sagte sie.

Luise hielt sie einen Moment ganz fest, dann fuhr sie ihr ein paar Mal durchs Haar. »Könntest dich mal wieder kämmen!«, sagte sie.

»Ach Scheiße«, rief Barbara und wischte sich mit dem Handrücken über die Augen, wobei sie sich nicht sicher war, ob sie weinte oder lachte.

8

Anfangs war es Barbara nicht leicht gefallen, statt Papa Holger und zu Mama Luise zu sagen. Von gelegentlichen Versprechern abgesehen, gewöhnte sie sich jedoch bald daran. Das Verhältnis zu den Eltern veränderte sich nun allmählich. Barbara hatte das Gefühl, von ihnen ernster genommen zu werden, dafür aber auch bestimmte Erwartungen erfüllen zu müssen.

»Es gibt nicht mehr jeden Tag Zoff«, erzählte sie Ilona.

»Hört sich an, als ob du den vermisst«, antwortete die Freundin spöttisch.

»Nein, natürlich nicht!«, wehrte Barbara ab. »Aber irgendwie, ich weiß auch nicht, irgendwie war es vorher anders zu Hause!«

»Wie anders? Etwa besser?« Ilona grinste.

»Ach Quatsch!«

»Also, sonst schimpfst du immer über deine spießigen Alten, weil sie dich wie ein Kleinkind gängeln, und nun, wo die große Gleichberechtigung ausgebrochen ist, passt es dir auch wieder nicht!«

Barbara verstand es selber nicht so richtig. Und noch weniger verstand sie die Eltern. Diese Nachgiebigkeit in letzter Zeit passte so gar nicht zu ihnen. Zu Mutter schon eher, aber zum Vater ganz und gar nicht. Barbara misstraute seiner neuen Toleranz. Ob das so eine Art Testphase für ihr eigenes Wohlverhalten war? Sie würde drei, nein hundert Kreuze machen, wenn sie endlich achtzehn war! Aber erst musste sie einmal sechzehn werden…

Barbaras sechzehnter Geburtstag fiel auf einen Sonnabend, ein auch von den Eltern anerkannter Ausschlaftag. Als sie am späten Vormittag herunterkam, warteten die Eltern schon auf sie. Der Tisch war mit dem guten Kaffeeservice gedeckt. In der Mitte stand die Torte. Es war eine Sachertorte, die Luise an jedem Geburtstag für sie backte. Solange sie denken konnte. In der Mitte der glänzenden Schokoladenschicht prangte die weiße Zuckergusssechzehn, rundherum die Kerzen, die von der Mutter nun rasch angezündet wurden. Es war wie immer, wie an allen Geburtstagen, an die Barbara sich erinnern konnte.

Jetzt kamen die Glückwünsche, die Umarmung der Eltern, dann das Auspusten der Kerzen. Und dann das Auswickeln der Geschenke. Unwillkürlich sah Barbara zu der Anrichte hinüber, auf der gewöhnlich die verzierten Päckchen lagen. Doch diesmal war die Anrichte leer.

Holger Alsdorf war ihrem Blick gefolgt und grinste verschmitzt. »Komm mit nach draußen!«, sagte er. Er nahm ihre Hand und zog sie mit sich auf den Hof. Luise folgte ihnen. Im Hof stand ein funkelnagelneues Mofa. Eins Komma fünf Pferdestärken, Geschwindigkeit fünfundzwanzig Kilometer pro Stunde, grün metallic mit passendem Helm an der Lenkstange.

Barbara verschlug es die Sprache. »Für mich?«, stammelte sie überwältigt.

»Na, für wen denn sonst?«, lachte der Vater.

Barbara sah abwechselnd das Mofa, den Vater und die Mutter an. Dann sprang sie auf Holger zu und warf ihm die Arme um den Hals. »Danke, Papa!«, sagte sie. »Ein Mofa. Und so ein fetziges! Das ist das tollste Geschenk, das ich jemals bekommen habe! Darf ich es gleich ausprobieren? Die Prüfbescheinigung dafür kann ich euch zeigen«, setzte sie eifrig hinzu. »Die habe ich mit Jens zusammen gemacht!«

»Na, dann ist ja alles in Ordnung«, sagte der Vater. »Ab mit dir! Der Schlüssel steckt! Aber nur mit Helm!«

»Okay, okay!« Barbara setzte den Helm auf, der Vater half ihr beim Festzurren des Kinnriemens, dann sprang sie auf und ließ das Mofa an.

»Sei vorsichtig, Barbara!«, rief die Mutter.

Der Vater warf seiner Frau einen warnenden Blick zu; aber Barbara hatte die Mahnung gar nicht gehört. Und wenn, hätte sie sich nicht weiter darum gekümmert. Zum Mofafahren gehörte nicht viel. Jens hatte sie schon oft auf seinem fahren lassen. Barbara gab Gas und brauste davon.

»Hast du es gemerkt, Luise?«, fragte der Vater.

»Was meinst du?«

»Sie hat Papa gesagt! Sie hat zu mir wieder Papa gesagt!«

»Ja«, sagte die Mutter. »Vielleicht wird alles wieder wie ...«
Doch sie beendete den Satz nicht.

Die gute Stimmung hielt nicht lange an. Genau genommen nur einen Tag. Am Morgen nach dem Geburtstag verkündete Barbara am Frühstückstisch, dass sie sich auf die Suche nach ihren richtigen Eltern machen wollte.

»Was soll das heißen?«, brauste der Vater sofort auf. »Wir haben dir doch erklärt, es war eine anonyme Adoption. Weder wir noch du haben das Recht zu erfahren, wer deine leiblichen Eltern sind.«

»Ich habe das Recht dazu«, sagte Barbara. »Ab sechzehn habe ich das Recht und jetzt bin ich sechzehn!«

»Das ist mir ganz neu«, sagte der Vater. »Woher hast du das denn?«

»Ich habe mich erkundigt.«

»Barbara«, sagte die Mutter, »was versprichst du dir davon?«

»Ich will einfach wissen, wer ich bin!«

»Aber deine Eltern können wer weiß wo sein, vielleicht sind sie gar nicht mehr am Leben!«

»Das will ich ja gerade herausfinden! Ich gehe zum Jugendamt. Die müssen die Akte von mir haben!«

»Aber die Suche kann lange dauern!«, versuchte es die Mutter wieder.

»Ist mir egal!«

»Sag mal«, mischte sich jetzt Holger ein, »findest du es richtig, dich gerade jetzt in so ein Abenteuer zu stürzen? Jetzt, wo du deine ganze Aufmerksamkeit der Schule widmen solltest? Du hast doch wohl gerade genug Schwierigkeiten, oder?«

»Was hat das damit zu tun?«, konterte Barbara.

»Barbara«, sagte die Mutter, »angenommen, du findest deine leiblichen Eltern: Hast du dir mal überlegt, dass es vielleicht eine unangenehme Überraschung für dich sein könnte? Ich meine, vielleicht sind sie ganz anders, als du es dir vorstellst!«

»Sie haben dich sicher nicht ohne Grund weggegeben«, warf der Vater ein, bevor er bemerkte, dass er einen Fehler gemacht hatte.

Wütend sprang Barbara auf: »Sie haben mich weggeschmissen, das meinst du doch, oder? Es wundert mich nur, dass gerade *ihr* mich aufgesammelt habt!«

»Barbara!«, riefen die Eltern gleichzeitig. Aber Barbara war schon aus der Tür. Die Eltern hörten sie die Treppe hinauflaufen.

»Das hättest du nicht sagen dürfen, Holger!« Luise schüttelte den Kopf.

»Ich weiß, ich weiß! Es tut mir Leid. Ist mir einfach so rausgerutscht. Barbara hat sich da aber auch in etwas hineingesteigert! Das führt doch zu nichts. Sich ausgerechnet jetzt, ein paar Monate vor Schulabschluss, auf die Suche nach ihren leiblichen Eltern machen zu wollen! Was heißt überhaupt Eltern! Einen Vater gibt es doch wahrscheinlich gar nicht! Auf jeden Fall ist das ein Wahnsinn. Barbara sollte mit der Suche warten, bis sie älter ist. Habe ich nicht Recht?«

»Wir werden sie nicht davon abhalten können, Holger! Du weißt, wenn Barbara sich etwas in den Kopf gesetzt hat, ist sie davon nicht so leicht wieder abzubringen!« Nachdenklich setzte Luise hinzu: »Wer weiß, was da auf das Kind zukommt. Ich hoffe nur, dass sie das unbeschadet durchsteht!«

»Und wir? Du vor allem, Luise?«

»Kommt es auf mich an?« Luise Alsdorf wandte sich ab und blickte nach draußen, als ob es dort etwas Interessantes zu sehen gäbe. Draußen regnete es.

9

Es regnete auch am folgenden Tag. Und an dem darauf folgenden. Der Wind blies die letzten Blätter von den Bäumen, die auf den Gehsteigen eine glitschige Schicht bildeten. Niemand, der nicht etwas Wichtiges zu erledigen hatte, verließ in diesen Tagen freiwillig das Haus.

Dann schlug das Wetter um. Der Wind hatte auf Osten gedreht. Die Luft war kalt und klar, beinahe prickelnd. Ein Tag, um etwas zu erleben! Barbara setzte sich auf ihr Mofa und fuhr los. Nach Mainau. In die Stadt, wie man in Riedbach immer noch sagte, obwohl das Dorf seit Jahren eingemeindet und selbst ein Teil der Stadt war.

Es waren genau sieben Kilometer bis zum Rathaus, wie Barbara auf ihrem Tacho feststellte. Das Gebäude sah merkwürdig unbelebt aus. Sie stieg trotzdem ab, ging die Stufen hinauf, fasste an den Türgriff. Geschlossen. Das fing ja gut an! *Publikumsverkehr Montag bis Freitag von acht bis zwölf*, las sie auf einer Tafel. Nachmittags war nur am Donnerstag geöffnet. Heute war Dienstag.

Zu dumm aber auch! Sie hätte vorher anrufen und sich nach den Öffnungszeiten erkundigen sollen.

Das war die erste Schlappe, dachte Barbara, als sie sich wieder auf das Mofa schwang und den Weg zurückfuhr. Aber es sollte bloß keiner denken, dass sie deshalb gleich aufgab!

Zwei Tage später machte Barbara sich erneut auf den Weg zum Rathaus. Diesmal war es geöffnet. Barbara ging hinein. Ein paar Stufen und sie befand sich vor einer gläsernen Loge. »Auskunft« stand auf einem Schild. Es saß nur niemand darin, der ihr Auskunft hätte erteilen können. Aber es gab eine Hinweistafel an der Wand.

Ordnungsamt – Einwohnermeldeamt – Bauamt, las Barbara. Lauter Ämter, fehlte tatsächlich nur noch das Katasteramt! Vom Jugendamt keine Spur.

Plötzlich pfiff jemand hinter ihr. Obwohl Barbara sich schon hundertmal vorgenommen hatte, auf Pfiffe nicht zu reagieren, drehte sie sich um. Der Pfeifer war ein schlaksiger Bursche mit leicht abstehenden Ohren, der sie herausfordernd angrinste und dabei lässig mit einem Aktenbündel herumfuchtelte.

Barbara verzichtete darauf, ihm ihre Meinung zu geigen, sondern beschränkte sich auf die Frage nach dem Jugendamt.

»Das Jugendamt?«, wiederholte der Schlaks überflüssigerweise ihre Frage. »Das ist hier nicht. Das Jugendamt ist im Gebäude des Sozialamtes, Karottenkopf!«

Die zweite Schlappe. »Und wo ist das?«, fragte Barbara.

»Das Sozialamt? In der Schlüterstraße!«

Der musste wohl jede Frage wiederholen, damit er sie auch begriff. Obwohl er eigentlich gar nicht so dusselig aussah. Aber dieses unverschämte Grinsen! Barbara hätte gerne noch gefragt, wo sie die Schlüterstraße finden konnte, verzichtete jedoch darauf. Wer wollte sich vor diesem Angeber schon als totales Landei entlarven?

»Noch was, Karotte?«, fragte ihr Gegenüber in diesem aufreizend überlegenen Ton. Dabei war er höchstens ein paar Jahre älter als Barbara.

»Danke, Segelohr!«, antwortete sie kurz und wandte sich zum Ausgang. Dass ihr der Schlaks bedauernd nachsah, bekam sie aus den Augenwinkeln noch mit.

Nach einigen Umwegen hatte Barbara das Sozialamt gefunden. Es war in einer ehemaligen Privatvilla untergebracht, die versteckt in einem üppig wuchernden Vorgarten stand.

Diesmal gab es weder eine Auskunft noch eine Anzeigetafel. Barbara musste sich selbst zurechtfinden. Sie steuerte auf einen langen Gang zu und las die Inschriften auf den Türen. Sozialversicherung – Sozialhilfe – Behindertenhilfe – Erziehungsberatung – Freizeitheime – Schülerbeförderung – BAföG – Pflegschaften und Adoptionen. Das war es!

Vor der Tür zögerte sie. Geschlossene Amtstüren hatten etwas verdammt Abweisendes, fand Barbara. Wenn sie aber jetzt schon kniff… Sie holte noch einmal tief Luft, klopfte, machte gleichzeitig die Tür auf und trat ein.

Eine junge Frau mit kurzen, blonden Haaren und Brille sah überrascht auf: »Ja?«, sagte sie. »Kann ich helfen?« Barbara merkte, dass die Frau überlegte, ob sie sie siezen oder duzen sollte. Schließlich entschied sie sich. »Was möchtest du?«

»Ich möchte, also, ich will«, stammelte Barbara, »ich bin wegen meiner Eltern hier.«

Die Frau legte den Stift hin und sah sie aufmerksam an. »Ja, was ist mit deinen Eltern?«

»Ich suche sie!«

»Du suchst sie. Sind sie verschwunden?«

Wie kann man es nur so dämlich anfangen! Barbara ärgerte sich über sich selbst. Die Frau musste sie ja für blöd halten! Also noch einmal von vorn: »Ich bin auf der Suche nach meinen Eltern, nach meinen richtigen Eltern. Ich bin ein Adoptivkind!«

»Ich verstehe.« Die Frau sah auf ihre Armbanduhr. »Du hast zwar keinen Termin, aber setz dich trotzdem einen Moment.«

Barbara setzte sich auf den Stuhl, der auf der anderen Seite des Schreibtisches stand, während die Frau aufstand und um den Tisch herumkam. Sie war überraschend klein. Vielleicht sollte Barbara sich deshalb hinsetzen. Auf jeden Fall waren die Rollen jetzt vertauscht.

»Also«, sagte die Frau. »Wenn ich dich richtig verstanden habe, bist du adoptiert worden und möchtest nun deine leiblichen Eltern ausfindig machen!«

Barbara nickte. An der gegenüberliegenden Wand hing ein Antiraucherplakat, daneben Blätter mit ungelenken Kinderzeichnungen. Ob sie wohl von den eigenen Kindern dieser Frau stammten?

»Vielleicht sagst du mir erst einmal deinen Namen?«, fragte die jetzt.

»Barbara Alsdorf.«

»Schön. Mein Name ist Kramer! Und seit wann weißt du, dass du ein Adoptivkind bist, Barbara?«

»Seit ein paar Monaten!«

»Und wie alt bist du jetzt?«

»Sechzehn!«

»Ja, Barbara, ich kann deinen Wunsch, deine leiblichen Eltern ausfindig zu machen, verstehen. Wir können dir dabei auch helfen. Allerdings brauchen wir dazu das Einverständnis der Sorgeberechtigten.«

»Der Sorgeberechtigten?« Barbara verstand kein Wort.

»Deine Adoptiveltern. Sie müssen damit einverstanden sein. Am besten, ihr kommt einmal zusammen her!«

Barbara sprang auf. Wenn sie wütend war, konnte sie einfach nicht sitzen bleiben. »Heißt das, dass Sie mir die Auskunft nicht geben wollen? Ich habe ein Recht darauf!«

»Hast du, ja. Wenn deine Eltern einverstanden sind. Hast du überhaupt schon mit ihnen darüber gesprochen?«

Barbara überlegte, was sie darauf antworten sollte. Überhaupt nichts, entschied sie. »Es ist doch meine Sache!«, sagte sie aggressiv. »Ich weiß, dass ich adoptiert bin und eigentlich Silvia heiße. Dass DIE meinen Namen geändert haben. Ich will jetzt nur wissen, wie meine richtigen Eltern heißen. Damit ich sie finden kann. Das muss doch irgendwo in den Akten stehen, oder?«

»Natürlich.« Frau Kramer bemühte sich um einen beruhigenden Ton. »Ich kann mir deine Akte kommen lassen. Wir können feststellen, wie deine leiblichen Eltern heißen. Aber, wie gesagt, deine Eltern müssen einverstanden sein.«

»Meine Adoptiveltern!«

»Schön, deine Adoptiveltern. Du hast dir noch nicht überlegt, dass diese Sache nicht nur dich allein betrifft. Ich glaube, du machst dir gar nicht klar, was da auf dich zukommt. Auf dich und alle Beteiligten. Glaube mir, es ist am besten, du besprichst das zu Hause noch einmal ganz in Ruhe. Mit deinen Adoptiveltern. Und dann macht ihr einen Termin mit mir, in Ordnung?«

In Ordnung! Nichts ist in Ordnung. Im Gegenteil! *Das Einverständnis der Sorgeberechtigten.* Wie sich das schon anhört! Und die Sorgeberechtigten machen sich so viele Sorgen, dass sie zu allem Nein sagen!

Barbara murmelte etwas, das Frau Kramer mit viel gutem Willen als Gruß auffassen konnte, und verließ das Büro. Schlappe Nummer drei, dachte sie.

Besprich das zu Hause noch einmal, hatte die Tussi vom Jugendamt gesagt. Als wenn das etwas nützte! DIE waren dagegen, dass sie ihre richtigen Eltern suchte. Angeblich nur, solange sie die Schule noch nicht beendet hatte. Um den Abschluss nicht zu gefährden. Barbara glaubte ihnen nicht. Holger und Luise waren grundsätzlich dagegen, dass sie ihre richtigen Eltern fand. Das war es! Sie wollten es einfach nicht und sie würden es, solange sie konnten, verhindern.

Bis sie achtzehn war. Dann gab es nichts mehr zu verhindern. Aber so lange konnte Barbara nicht warten!

Ob Frau Kramer sich beschwatzen lassen würde, ihr auch ohne die Einwilligung der lieben *Sorgeberechtigten* zu helfen?, grübelte Barbara auf dem Heimweg weiter. Sie zweifelte daran. Die richtete sich sicher nur nach ihren Vorschriften. Für die war sie ein Fall unter vielen, noch dazu einer, der Arbeit machen würde! Die interessierte sich doch einen Dreck für sie!

Barbara wäre erstaunt gewesen, wenn sie gewusst hätte, dass Frau Kramer sich gleich nach ihrem Besuch die entsprechende Akte hatte kommen lassen.

Am nächsten Vormittag rief sie bei Alsdorfs an. Luise Alsdorf war am Apparat. Frau Kramer stellte sich vor und kam gleich zur Sache: »Frau Alsdorf«, sagte sie, »Ihre Tochter war gestern hier bei mir!«

»Barbara war bei Ihnen? Auf dem Jugendamt?«

»Wussten Sie nichts davon?«

»Nein, das wussten wir nicht!«, antwortete Luise Alsdorf. »Aber ich habe mir schon so etwas gedacht«, fuhr sie nachdenklich fort. »Sie wollte sicher von Ihnen wissen, wer ihre Eltern, ich meine, ihre eigentlichen Eltern sind?«

»Ja, deshalb war Barbara hier«, bestätigte Frau Kramer.

»Und? Haben Sie es ihr gesagt?« Barbaras Mutter klang besorgt. »Wir waren nämlich übereingekommen, mein Mann und ich, dass Barbara vorläufig noch nichts unternimmt.«

Frau Kramer beruhigte sie: »So etwas machen wir immer nur in Absprache mit den Sorgeberechtigten, also mit Ihnen, Frau Alsdorf. Deshalb rufe ich ja an. Aber zunächst hätte ich eine Frage: Wie hat Ihre Tochter eigentlich erfahren, dass sie ein Adoptivkind ist? Haben Sie mit ihr darüber gesprochen?«

»Nein. Leider, muss ich jetzt wohl sagen«, antwortete Luise etwas verlegen. »Barbara hat es durch Zufall erfahren. Von zwei Frauen aus der Nachbarschaft, die sich darüber unterhielten.«

Frau Kramer schwieg einen Moment. »So war das also!«, sagte sie dann. »Das erklärt Barbaras Verstörung. Sagen Sie, Frau Alsdorf, damals, bei der Adoption, das war ja lange vor meiner Zeit hier im Amt, hat man Ihnen da nicht nahe gelegt, Barbara so früh wie möglich aufzuklären?«

»Nein, das hat man nicht. Und wir, mein Mann und ich, wir dachten, es ist besser für Barbara, wenn sie nicht weiß, dass sie adoptiert ist. Sie war ein schwieriges Kind. Oft krank, als sie klein war. Wir waren der Meinung, es würde ihr nur schaden!«

»Ja, ich verstehe. Trotzdem wäre es besser gewesen, sie hätten frühzeitig mit Barbara gesprochen. Wissen Sie, es kann ein regelrechter Schock für die Kinder sein, wenn sie es zu einem so späten Zeitpunkt erfahren. Noch dazu, wenn es auf so unglückliche Art geschieht wie in Barbaras Fall!«

»Wir haben wirklich gemeint, dass es so das Beste ist!«

»Na ja, das lässt sich jetzt nicht mehr ändern! Man hätte Sie damals besser beraten sollen!«

»Und was sollen wir jetzt tun?«, fragte Barbaras Mutter unglücklich.

»Es gibt eigentlich nichts Besonderes, das sie jetzt tun könnten, Frau Alsdorf. Zeigen Sie Ihrer Tochter nur, dass sich für Sie nichts geändert hat, dass Sie genauso für sie da sind wie bisher. Sie braucht Ihr Verständnis, jetzt noch mehr als je zuvor!«

»Heißt das, wir sollen ihren Wunsch, ihre leiblichen Eltern zu suchen, unterstützen?«

»Ja, meiner Meinung nach sollten Sie das tun. Allerdings, wann der richtige Zeitpunkt dafür ist, das müssen Sie entscheiden!«

»Aber das ist es ja gerade! Barbara will es jetzt gleich wissen. Und wir, mein Mann und ich, finden, wie gesagt, dass sie noch ein wenig damit warten sollte. Sie ist im letzten Schuljahr und hat sowieso schon genug Probleme. Man weiß doch gar nicht, was bei so einer Suche herauskommt!«

»Da haben Sie Recht, Frau Alsdorf. Die Begegnung mit den leiblichen Eltern muss nicht unbedingt positiv verlaufen. Das haben wir schon oft genug erlebt. Deshalb sollte bei so einem Treffen, wenn es denn zu Stande kommt, immer eine neutrale Person dabei sein. Jemand, der eine Vermittlerrolle übernimmt.

Das ist ungeheuer wichtig. Wir würden uns darum kümmern, wenn es so weit ist. Aber Sie kennen Barbara besser als ich und deshalb müssen Sie entscheiden, wann Barbara bereit dafür ist. Auf jeden Fall können Sie sich auf unsere Hilfe verlassen!«

»Ja, danke. Gut zu wissen«, antwortete Luise matt.

Frau Kramer ließ noch eine ganze Weile die Hand auf dem Telefonhörer liegen. Wieder so ein Fall, dachte sie, bei dem es nicht so gelaufen ist, wie es eigentlich sollte.

Vielleicht hätte sie doch einen Hausbesuch bei den Alsdorfs machen sollen? Und mit den Eltern persönlich sprechen? Und noch einmal mit der Tochter? Andererseits, es gab so vieles, Dringenderes, zu tun! Wieder eine schwere Kindesmisshandlung in der Hochhaussiedlung; zwei geistig Behinderte, für die noch kein Heimplatz gefunden war; ein Termin mit dem Leiter der Sonderschule; der Schulungskurs für Tagesmütter und und und ...

Nein, verglichen damit war die Sache Alsdorf nicht so wichtig. Das Mädchen schien zwar ein bisschen durch den Wind zu sein, was ja kein Wunder war, aber das Familienleben war offensichtlich intakt. Man hätte die Eltern damals nur besser beraten müssen. Im Moment gab es nichts, was man tun konnte. Frau Kramer klappte die Akte zu. Sie konnte zurück ins Archiv.

Wenn auch für Frau Kramer die Angelegenheit vorerst erledigt war, für Barbara war sie es noch lange nicht. Krampfhaft überlegte sie, wie sie die Eltern dazu bringen konnte, ihre Meinung zu ändern und gemeinsam mit ihr zum Jugendamt zu gehen. Luise ließe sich vielleicht überreden, überlegte sie. Aber Holger sicher nicht. Der war stur. Es blieb ihr wohl nichts anderes übrig, als es bei der Kramer mit einem Trick zu versuchen.

Barbara ließ noch einige Tage verstreichen, dann rief sie im Jugendamt an und bat um einen Termin.

»Habt ihr zu Hause noch einmal darüber gesprochen?«, fragte Frau Kramer.

»Ja«, log Barbara.

»Du möchtest also Nachforschungen über deine leiblichen Eltern anstellen, ja?«, vergewisserte sich Frau Kramer noch einmal.

»Ja.«

»Und deine Adoptiveltern sind damit einverstanden und begleiten dich?«

»Ja.«

Frau Kramer wunderte sich zwar ein wenig über den Sinneswandel der Eltern, nahm es aber hin. Die Leute hatten ihre Meinung eben geändert. So etwas erlebte man täglich. Sie gab Barbara einen Termin für ein Gespräch am folgenden Mittwochnachmittag.

Barbara verließ die Telefonzelle am anderen Ende des Dorfes, aus der sie angerufen hatte, und wischte sich ihre verschwitzten Hände an den Jeans ab. Gebongt! Frau Kramer hatte es ihr glatt abgenommen, dass sie noch einmal mit den Eltern gesprochen hatte. Sie erwartete sie. Alle zusammen. Okay. Nur, dass Barbara eben allein erscheinen würde. Natürlich. Holger und Luise wussten ja nichts davon. Sie würde sich für ihre Abwesenheit eine Ausrede einfallen lassen. Irgendetwas Glaubhaftes.

Barbara war zuversichtlich. Sie hatte große Übung im Ausdenken von Ausreden! Die Kramer würde ihr schon abnehmen, dass DIE mit der Suche nach ihren richtigen oder *leiblichen* Eltern, wie sie das immer nannte, einverstanden waren. Auch, wenn sie sie nicht begleiteten.

Und wenn nicht? Wenn Frau Kramer nun eine Bestätigung

von den Eltern haben wollte? Etwas Schriftliches? Wenn sie womöglich zu Hause anrief, um sicherzugehen? Dann flog der Schwindel auf. Scheiße!

Barbara beschloss, einfach nicht an so eine Möglichkeit zu denken. Es *musste* klappen!

10

Die Tage bis zu dem Mittwoch, an dem Barbara endlich zu erfahren hoffte, wer ihre wahren Eltern waren, zogen sich in die Länge wie Kaugummi. Sie konnte an nichts anderes denken, sich auf nichts anderes konzentrieren. In der Schule vergeigte sie noch eine Geografiearbeit und handelte sich eine weitere Fünf in Englisch ein. Es war ihr total gleichgültig. Zu Hause hielten sich alle an ein unausgesprochenes, aber wirksames Stillhalteabkommen. Sowohl die Eltern als auch Barbara bemühten sich, offenen Streit zu vermeiden. Kein Wort fiel über Barbaras Vorhaben, ihre leiblichen Eltern zu suchen. Überhaupt wurde nicht viel miteinander geredet. Lediglich Luise bemühte sich bei den Mahlzeiten, so etwas wie eine normale Unterhaltung in Gang zu halten.

Aber der Ton ist falsch, dachte Barbara, während sie mal wieder lustlos im Essen herumstocherte. Hohl, total krampfig! Sollen sie es doch endlich einsehen: Es stimmt nichts mehr zwischen uns!

Seit wann, überlegte sie weiter, war das eigentlich so? Seit sie erfahren hatte, dass sie ein Adoptivkind war? Oder hatten die Unstimmigkeiten schon viel früher angefangen? Die ewigen Streitereien, die Meinungsverschiedenheiten? Barbara war sich nicht sicher. Eines wusste sie allerdings genau: Als sie noch klein war, da war alles okay gewesen. Solange sie auf ihre Fragen von den Eltern Antworten bekommen hatte. Antworten, mit denen sie etwas anfangen konnte.

Ja, und erst, als sie sich ihre Antworten von anderer Seite zu holen begann, von Freunden, Lehrern, aus Zeitschriften, Büchern, Filmen, von außerhalb eben, da begannen auch die Schwierigkeiten zu Hause.

Woran mochte das liegen? Weil die Eltern nicht mehr mitkamen? Eine andere Generation, out, Asbach Uralt waren? Weil sie intolerant, beschränkt und spießig waren? Sie nicht verstehen konnten, weil sie anders waren? Weil Barbara anders war?

Weil sie nicht ihre richtigen Eltern waren?

Und warum, verdammt noch mal, war, ab einem bestimmten Zeitpunkt, alles falsch, was sie, Barbara, machte? Brachte sie Freunde mit nach Hause, hieß es: *Muss das denn immer sein? Kannst du nicht einmal allein bleiben? Mach doch lieber einmal ordentlich deine Aufgaben!* Hatte sie lange keinen Besuch, so wie im Augenblick, da sie ganz anderes im Kopf hatte, hieß es: *Was ist eigentlich los mit dir? Immer sitzt du nur allein herum! Das ist doch nicht normal!* Ging sie weg, bekam sie zu hören: *Man bekommt dich ja kaum noch zu sehen. Du verwechselst dein Zuhause wohl mit einem Hotel!*

Für Barbara stand fest, dass sie mit ihren *richtigen* Eltern nicht dauernd diesen Ärger hätte.

Am Mittwoch, dem bewussten Tag, schwang Barbara sich gleich nach dem Mittagessen auf ihr Mofa und fuhr in die Stadt. Sie war viel zu früh da, obwohl sie, wie sie zu ihrer eigenen Verwunderung feststellte, das letzte Stück immer langsamer gefahren war. Beinahe geschlichen. Denn auf einmal hatte sie es gar nicht mehr so eilig. Bestimmt machte sie den Weg sowieso umsonst. Die Tante vom Jugendamt war doch nicht blöd! Sie würde sie sofort durchschauen. Sie würde merken, dass sie nicht mit den Eltern gesprochen hatte, und ihr jede Auskunft verweigern.

Aber einfach nicht hingehen konnte Barbara jetzt auch nicht. Sie musste sich eben etwas einfallen lassen. Wenn sie es zum Beispiel bei Frau Kramer mit der Wahrheit versuchte?

Vierzehn Uhr vierundvierzig, las Barbara auf der Digitaluhr, die im Eingang des Gebäudes hing. Eine Viertelstunde zu früh. Barbara schlenderte den Gang entlang. Vor der Tür zu Frau Kramers Büro stand eine Bank. Barbara wollte sich gerade setzen und sich zurechtlegen, was sie sagen sollte, da bemerkte sie, dass die Tür des Büros nur angelehnt war.

Vorsichtig warf sie einen Blick hinein. Der Drehstuhl stand leer, mit der Lehne zur Schreibtischplatte. Eine Lampe beleuchtete die darauf liegenden Papiere. Frau Kramer musste gerade mal hinausgegangen sein. Vielleicht, um sich Kaffee zu holen? Oder um sich schön zu machen in der Toilette? Barbara schüttelte ihre Mähne. Wie lange brauchte jemand, der schon mindestens dreißig war, für seine Restaurierung? Hastig warf sie einen Blick zurück in den Gang. Alles leer. Und dort auf dem Tisch lag eine Akte. Ganz bestimmt ihre Akte! Ohne weiter zu zögern, machte Barbara die paar Schritte auf den Schreibtisch zu, drehte den abgegriffenen Schnellhefter zu sich um, schlug ihn auf. Lauter eng beschriebene Seiten, Aktenzeichen, Paragraphen.

Barbara geriet in Panik. Wie sollte sie auf die Schnelle aus diesem Amtschinesisch herausfinden, was für sie wichtig war? Cool bleiben, befahl sie sich. Methodisch vorgehen! Noch mal von vorne anfangen! Auf Namen achten.

Und richtig, da stand ein Name: »Silvia Jaspers«. Das war sie. Ihr ursprünglicher Name.

Barbara schlug die Akte zu. Silvia Jaspers also. Einen Moment nahm sie nichts anderes wahr als ihren eigenen Herzschlag. Dann besann sie sich, horchte auf Geräusche im Gang. Nichts. Vorsichtshalber lief sie zur Tür, sah hinaus. Keine Menschenseele.

Eine so gute Gelegenheit gab es nur einmal! Sie musste noch die Vornamen ihrer Eltern herausfinden. Jaspers, damit allein konnte man nicht viel anfangen. Wieder zurück zum Schreibtisch. Wieder ging ihr Herz wie ein Dampfhammer. Ach was, versuchte sie sich zu beruhigen, wenn sie mich erwischen, was kann mir schon passieren? Hauptsache, ich erfahre, was ich wissen will. Und wenn ich es erfahre, dann ist es nicht mehr rückgängig zu machen.

Also noch einmal die Akte aufschlagen und versuchen, etwas von dem klein getippten Text zu entziffern. »Laura«, las sie, »Laura Jaspers...«

Jetzt war es nicht mehr zu überhören: Schritte im Gang. Barbara klappte rasch die Akte zu, wandte sich zur Tür und sah, wie jemand gerade hinter einer anderen Tür des Flurs verschwand. Uff, noch einmal Glück gehabt! Aber jetzt ging ihr wirklich die Muffe. Noch einmal würde sie es nicht schaffen, die Akte in die Hand zu nehmen! Immerhin kannte sie jetzt den Vornamen ihrer Mutter. Sie konnte fürs Erste zufrieden sein!

Barbara verließ das Büro, nahm ihren Beutel, den sie auf der Bank im Flur hatte liegen lassen, und machte sich im Laufschritt davon. Bloß jetzt nicht Frau Kramer treffen! Und sie hatte Glück. Sie verließ das Gebäude, ohne irgendjemandem zu begegnen.

Barbara stieg auf ihr Mofa und fuhr los. Ohne bestimmtes Ziel. Sie fuhr einfach nur so durch die Straßen und konnte nur eines denken: Jaspers. Ich heiße eigentlich Jaspers. Silvia Jaspers. Und meine Mutter ist Laura Jaspers. Schade, dass ich nicht mehr herausgefunden habe. Dazu war die Zeit einfach zu kurz. Egal, ich weiß meinen Nachnamen. Und den Vornamen meiner Mutter. Den Vornamen meines Vaters werde ich auch noch herausbekommen.

Aber warum eigentlich nicht gleich? Als Barbara eine Telefonzelle sah, hielt sie an. Vielleicht fand sie den Namen ihres Vaters im Telefonbuch? Es war zwar unwahrscheinlich, aber einen Versuch wert.

Jaspers. Es gab drei davon in Mainau. Barbara kramte in ihrer Tasche nach ihrem Portmonee und leerte es auf dem aufgeschlagenen Telefonbuch. Sie würde alle drei anrufen. Jaspers, Ernst-Peter, Reifenhandel. Nein, der fiel weg. Den kannte sie. Sie war selbst schon mehrmals mit dem Vater dort gewesen. Der war viel zu jung, um in Frage zu kommen. Der konnte es nicht sein.

Weiter: Jaspers, Helmut, Poststraße. Barbara warf Münzen in den Schlitz und wählte die Nummer. Es nahm keiner ab.

Barbara ließ es mehrmals klingeln. Erst als sie schon auflegen wollte, meldete sich eine alte, brüchige Stimme: »Jaspers.«

»Hm, hallo«, Barbara wusste nicht so schnell, was sie sagen sollte. »Entschuldigen Sie bitte«, fing sie deshalb noch einmal an, »könnte ich bei Ihnen wohl Frau Laura Jaspers erreichen?«

»Frau Laura Jaspers? Nein, das tut mir Leid. Hier gibt es keine Laura. Hat es auch nie gegeben. Das muss ein Irrtum sein.«

»Entschuldigen Sie«, stammelte Barbara und legte auf.

Also weiter: Jaspers, Wolfgang und Tanja. Hörte sich auch nicht viel versprechend an. Egal, vielleicht waren es Verwandte ihrer Eltern und konnten ihr möglicherweise sagen, wo sie sie erreichen konnte. Doch die weibliche Stimme am Telefon versicherte Barbara, dass sie von einer Laura nie etwas gehört hätte und ihres Wissens auch keine Laura in der Verwandtschaft vorkäme.

Wieder eine Schlappe! Die wievielte inzwischen? Schlappe Nummer vier, genau. Enttäuscht sammelte Barbara ihre Münzen wieder ein. Aber was hatte sie denn erwartet? Dass ihre Eltern in der Nachbarschaft lebten? Nach so langer Zeit? Sicher waren sie längst verzogen. Oder sie hatten kein Telefon. So etwas gab es doch. Nein, wahrscheinlicher war, dass sie weggezogen waren. Sie musste nur herausfinden, wohin. Aber wie? Gab es für solche Auskünfte nicht ein Amt? Es musste so etwas geben. Es gab für alles Ämter. Am besten, sie würde morgen, am Donnerstag, wenn das Rathaus nachmittags geöffnet hatte, noch einmal nach Mainau fahren und sich dort erkundigen.

Barbara verließ die Telefonzelle und fuhr nach Hause. Auf dem Weg überlegte sie, ob sie mal schnell bei Ilona vorbeifahren sollte, um ihr zu berichten, was sie bisher rausbekommen hatte. Doch es war spät geworden. Es hatte keinen Sinn, die Eltern unnötig gegen sich aufzubringen. Sie konnte Ilona morgen in der Schule alles erzählen.

11

Ilona kannte sich in praktischen Dingen besser aus als ihre Freundin. Es wäre das Einwohnermeldeamt, erklärte sie Barbara am Donnerstagmorgen, an das sie sich wenden müsse, um eine Adresse herauszubekommen.

Zum vierten Mal fuhr Barbara mit der gleichen Hoffnung

die Strecke nach Mainau. Diesmal musste sie vorsichtig fahren. Das Wetter war umgeschlagen. Frost hatte das nasskalte Spätherbstwetter abgelöst. Die Straße glitzerte gefährlich. Es sah nach Schnee aus.

Als Barbara in der Kreisstadt ankam, war es trotz des frühen Nachmittags beinahe dunkel, doch die Weihnachtsbeleuchtung in den Straßen sorgte für Ausgleich.

Barbara stellte ihr Mofa auf dem Parkplatz des Rathauses ab. Das Einwohnermeldeamt befand sich gleich im Parterre. Barbara wandte sich an den nächsten freien Schalter. Eine Frau saß dahinter, die gerade ausgiebig ihre Brille putzte und dabei verstohlen gähnte.

»Ich hätte gern eine Adresse«, sagte Barbara.

Die Frau sah auf und zu Barbaras Verwunderung fragte sie lediglich: »Der Name?«

»Laura Jaspers«, sagte Barbara.

Die Frau gab den Namen in einen Computer ein, drückte mehrere Tasten, wartete, gab noch etwas ein, wartete wieder und sagte schließlich: »Tut mir Leid, eine Laura Jaspers haben wir hier nicht in Mainau.«

»Aber«, sagte Barbara, »es muss sie hier gegeben haben, vor sechzehn Jahren hat sie hier gewohnt, das weiß ich ganz genau.«

»Vielleicht umgezogen«, sagte die Frau und hämmerte wieder auf ihre Tastatur ein. Nach einer Weile nickte sie. »Laura Jaspers«, las sie vom Bildschirm ab, »Bettina-von-Arnim-Straße acht, verzogen nach Bielefeld, Hammer Straße vierzehn. Meinen Sie die?«

»Ja. Und ihr Mann? Ich meine, der Ehemann, leider weiß ich den Vornamen nicht, haben Sie auch etwas über den?«

Die Frau schüttelte den Kopf. »Ein Ehemann ist hier nicht verzeichnet! Wenn Laura Jaspers verheiratet ist beziehungsweise zum Zeitpunkt ihres Umzugs nach Bielefeld verheiratet war, hätte der Computer das gleich mit angegeben. Ist das alles, was Sie wissen möchten?«

»Die Telefonnummer? In Bielefeld?«

»Tut mir Leid, die ist hier nicht vermerkt. Aber die können Sie über die Auskunft bekommen!«

»Okay, danke!«, sagte Barbara.

»Keine Ursache!«, sagte die Frau gleichgültig und wandte sich wieder ihrer Brille zu, die sie offensichtlich gar nicht benötigte.

Während Barbara das Rathaus verließ, kam ihr zum ersten Mal der Gedanke, dass sie ihren Vater vielleicht nicht ausfindig machen würde. Warum hatte der Computer ihn nicht gespeichert? Aber sie würde es schon noch herausfinden, die Adresse der Mutter hatte sie ja. Barbara steuerte eine der Telefonzellen vor dem Rathaus an.

Sie wählte die Fernauskunft. Nach endlosem *Bitte warten Sie* bekam sie Anschluss und erbat die Telefonnummer von Laura Jaspers in Bielefeld, Hammer Straße vierzehn.

Unter diesem Namen gäbe es keinen Anschluss in Bielefeld, wurde ihr mitgeteilt. Bevor die Verbindung unterbrochen wurde, fragt Barbara schnell noch nach der Nummer und der Vorwahl des Einwohnermeldeamtes in Bielefeld. Sie notierte sich beides. Groschen hatte sie jetzt keine mehr, nur noch Markstücke. Nach kurzer Überlegung opferte sie eins und wählte die Nummer. Fast augenblicklich wurde abgenommen, doch als Barbara ihr Anliegen vorbrachte, erklärte man ihr, dass Auskünfte über das Telefon grundsätzlich nicht erteilt würden.

Schlappe Nummer fünf! Es wäre ja auch zu schön gewesen! Barbaras Enttäuschung war zu groß, als dass sie jetzt Lust gehabt hätte, sofort wieder nach Hause zu fahren. Sie ließ ihr

Mofa auf dem Parkplatz des Rathauses stehen und ging quer über die Straße zum Billardcafé, *dem* Jugendtreff in Mainau.

Nachdem sie aus dem Automaten eine Schachtel Zigaretten gezogen hatte, bestellte sie sich an der Theke einen Kakao. Dann sah sie sich um. An drei Billardtischen wurde gespielt. Aber von ihrer Clique schien heute niemand da zu sein.

Barbara nahm den dampfenden Becher und setzte sich damit an eines der kleinen Tischchen. Sie zündete sich eine Zigarette an und überlegte. Was sollte sie jetzt tun? Nach Bielefeld fahren? Bielefeld war eine ganze Ecke weg. Sie würde mit dem Zug fahren müssen. Das kostete sicher eine Menge Fahrgeld, das sie im Moment nicht hatte. Sie war mal wieder blank. Weihnachten würde sie vielleicht herausreißen. Weihnachten flatterten immer ein paar Scheine von der Verwandtschaft herein, die sich nach etlichen Pleiten nicht mehr trauten, ihr *vernünftige* Geschenke zu machen. Was Barbara in Ordnung fand. Brauchte man die brave Unterwäsche nicht mehr heimlich verschwinden zu lassen.

Aber bis Weihnachten waren es noch gut zwei Wochen und zwischen Weihnachten und Silvester konnte man bestimmt auch nichts bei den Behörden ausrichten! Das bedeutete drei Wochen warten. Bis zum neuen Jahr. Barbara sog missmutig an ihrer Zigarette. Wie sollte sie das nur aushalten?

»Ist hier noch frei?«, fragte eine Stimme hinter ihr.

Barbara schüttelte ärgerlich den Kopf. Es gab genügend andere freie Tische. Wie immer um diese Zeit. Was sollte das also?

»Hallo, Karotte!«

Der Schlaks aus dem Rathaus. Der hatte ihr gerade noch gefehlt!

Ohne ihren Einwand zu beachten, setzte er seine Tasse auf dem Tisch ab und lümmelte sich Barbara gegenüber auf den

Stuhl. »Was machst du denn hier?«, fragte er, sie unverschämt musternd.

Barbara wollte wütend antworten, dass ihn das einen feuchten Sonstwas anginge, ließ es dann aber. Solche dämliche Anbaggerei musste man gleich im Keim ersticken. »Und du?«, fragte sie. »Haben sie dich da drüben gefeuert?« Sie wies mit einer Kopfbewegung zum Rathaus.

»Mich gefeuert?«, wiederholte er. Richtig, der Schlaks war ein großer Wiederholer. »Mich können sie gar nicht feuern«, lachte er.

»Dann gehört dir das Rathaus wohl?«, fragte Barbara spöttisch.

»Ob mir das Rathaus gehört? Das ist gut. Nein, gehört mir nicht. Noch nicht. Aber wenn ich erst mal fertig bin mit dem Studium, sehen wir weiter. Bis jetzt bin ich nur so eine Art Praktikant.«

»Auf den die Stadt nachmittags gut verzichten kann!«, stellte Barbara ironisch fest.

»Genau.« Der Schlaks beugte sich vor und sah Barbara direkt in die Augen. »Grün«, stellte er fest. »Habe ich mir doch gedacht. Die Farbe der Leidenschaft!«

Barbara fühlte, wie sie rot wurde. »Zieh Leine!«, zischte sie wütend. »Lass mich zufrieden, ja?«

Der Schlaks tat, als wenn er es nicht gehört hätte. »Schlechte Laune?«, fragte er Anteil nehmend.

»Nein, wieso denn?«, explodierte Barbara. »Ich finde alles einfach toll! Das Jugendamt! Das Einwohnermeldeamt! Meine Eltern! Meine Nichteltern! Die Schule! Die Lehrer! Einfach alles!«

»Was ist los, Rotkopf? Willst du darüber reden?«

Barbara wollte nicht und tat es trotzdem: redete und redete. Mit einem Wildfremden, den das alles überhaupt nichts anging. Doch vielleicht war es gerade das, was sie in diesem Moment brauchte. Einen Zuhörer. Einen neutralen Zuhörer. Und der Schlaks war eben gerade da.

Er unterbrach sie nicht. Erst als Barbara fertig war, sagte er: »Mann, ist das 'n Ding! Ich kann gut verstehen, wie dir zu Mute ist!«

Barbara hatte gar nicht bemerkt, dass er seine Hand auf ihren Arm gelegt hatte. Jetzt traute sie sich irgendwie nicht mehr, den Arm zurückzuziehen.

»He«, sagte der Schlaks, »vielleicht kann ich dir helfen, die Adresse deiner Eltern herauszufinden!«

»Du? Wie denn?«, fragte Barbara.

»Wie? Na, ich rede im Amt mal mit dem Computer!«

»Das hat die Frau am Schalter doch auch gemacht und …«

»Ach, die!«, sagte der Schlaks wegwerfend. »Die hatte wahrscheinlich keinen Bock. Diese Nachforscherei ist ein bisschen mühsam, weißt du? Aber verloren gehen kann keiner. Ich werde es schon herausfinden!«

»Bist du denn in der Abteilung? Im Einwohnermeldeamt?«

Der Schlaks lachte. »Nee, aber ich habe eine gute Freundin da. Die schleust mich rein! Ist ungefähr hundert, aber fit wie 'n Turnschuh. Nur mit der neuen Technik kommt sie nicht so richtig klar. Ich helfe ihr manchmal und dafür hilft sie mir. Beschützt mich zum Beispiel vor den alten Amtsschimmeln!«

Unwillkürlich musste auch Barbara lachen.

»So gefällst du mir noch besser, Karotte!«, sagte der Schlaks. »Also versprochen. Ich mach das für dich. Gib mir eine Woche, dann treffen wir uns wieder. Gleicher Tag, gleiche Zeit, gleicher Ort, okay?«

Barbara nickte nur. Dann fiel ihr etwas ein: »Sag mal, wie heißt du eigentlich?«

»Wie ich heiße? Tobias. Tobias Manthey. Und wie ist das mit dir, soll ich Barbara oder Silvia zu dir sagen?«

Plötzlich hatte Barbara einen Kloß im Hals. »Ich weiß auch nicht«, antwortete sie und stand auf. »Ich muss jetzt gehen! Bis nächsten Donnerstag dann!«

»Bis nächsten Donnerstag, Karotte!«

Barbara drängte sich durch die inzwischen vollen Tische zum Ausgang, als wenn sie auf der Flucht wäre.

War sie auf der Flucht? Tobias, der Schlaks, sah ihr versonnen nach.

12

Wie jedes Jahr half Barbara auch diesmal beim Backen der Weihnachtsplätzchen. Die Mutter hatte eine ganze Liste bedürftiger Familien, die sie zum Fest mit selbst gemachtem Gebäck versorgte. Die Christstollen lagen schon, in Zellophan verpackt, in der Speisekammer. Luise backte sie genau neun Wochen vor Heiligabend, damit sie Zeit hatten, ihr volles Aroma zu entwickeln.

Während Barbara lustlos Sterne, Taler und Halbmonde ausstach, wurde ihr bewusst, dass ihr Weihnachten noch nie so gleichgültig gewesen war. Die ganze Backerei, die Bastelei, Einwickelei und die Heimlichkeiten, die ihr früher so viel bedeutet hatten, erschienen ihr auf einmal nur noch kindisch. Sie konnte sich auch nicht mehr vorstellen, was sie früher an der Weihnachtsdekoration in den Straßen so fasziniert hatte. Das alles kam ihr jetzt kitschig und übertrieben vor. Wo man hinblickte, Tannenbäume. Sie standen in jedem Vorgarten, vor jedem Gebäude, manchmal sogar auf den Dächern, hingen als Lichterketten über den Straßen. Tannenbäume und Weihnachtsmänner. Da waren Barbara ja sogar die Gartenzwerge lieber, die die Mutter im Frühjahr rings um den künstlichen Teich gruppierte. Die traten wenigstens nicht in solchen Massen auf.

Und dann die dämlichen Weihnachtsfeiern, die den ganzen Dezember über liefen! Barbara würde dieses Jahr nicht zu einer einzigen gehen! Lediglich zu der Klassenfeier, weil die während der Schulzeit stattfand. Aber weder würde sie die Feierei vom Sportverein mitmachen, wo sie sich sowieso nicht mehr sehen ließ, noch die vom Chor, der auch seit langem ohne sie auskommen musste. Weihnachten brauchte es ihretwegen überhaupt nicht zu geben!

Wie wohl ihre richtigen Eltern darüber dachten? Wieder versuchte Barbara sie sich vorzustellen. Und wieder nahmen sie unwillkürlich die Gestalten von Herrn und Frau Carsten an. Eine angenehme Vorstellung, die Barbara immer weiter ausschmückte: Ihr richtiger Vater, da war sie sich ganz sicher, würde Holger in keiner Weise ähneln. Er wäre von vornherein weniger Vater als Kumpel. Einer, der alles draufhatte, über alles Bescheid wusste, aber gleichzeitig für jeden Blödsinn zu haben war und immer auf ihrer Seite stand.

Gab es solche Eltern? Barbara wusste es nicht. Carstens hatten keine Kinder. Wenn sie welche hätten, wie würden sie dann mit ihnen umgehen? Konsequent, humorvoll, tolerant? In genau der richtigen Mischung? Oder würden sie mit ihnen ebenso herumnörgeln wie alle anderen Eltern? Waren Erwachsene nur gut, solange sie keine Eltern waren? Es müsste eine Versicherung gegen Eltern geben, fand Barbara.

Plötzlich kam ihr ein schrecklicher Gedanke: Was wäre, wenn nun ihre richtigen Eltern ganz anders waren, als sie sich vorstellte? Der Vater ein Ekelpaket, womöglich ein Verbrecher? Die Mutter eine Diebin? Das gab es doch! Kinder wurden zur Adoption freigegeben, wenn die Eltern kriminell waren. Das hatte sie mal gelesen. Oder wenn sie alkoholabhängig waren oder drogensüchtig. Was, wenn ihr Vater oder ihre Mutter Mörder waren?

Barbara begann am ganzen Körper zu zittern. Wie kam sie darauf, dass ihre Eltern etwas ganz Besonderes waren? War nicht in der Regel bei Leuten, die ihre Kinder weggaben, genau das Gegenteil der Fall?

Zum ersten Mal kam Barbara zum Bewusstsein, dass es vielleicht besser gewesen wäre, wenn sie nie erfahren hätte, dass sie adoptiert worden war. Wussten Luise und Holger doch Genaueres über ihre Eltern? Warum hatten sie so dringend verhindern wollen, dass sie nach ihnen suchte? Warum hatten sie verheimlicht, dass sie ein Adoptivkind war? Wie hatte Luise gesagt? *Wir haben gemeint, dass es für dich besser ist, wenn du nichts davon erfährst*, oder so ähnlich.

Barbara sah ihre Mutter an, die mit routinierten Bewegungen den Teig bearbeitete. Überrascht stellte Barbara fest, dass sie ein leichtes Doppelkinn bekommen hatte und ihre Haare seitlich grau zu werden begannen. Wie kommt es, dachte sie, dass man Menschen, mit denen man täglich zu tun hat, nie richtig sieht? Sie war so gewöhnt an Luises Gesicht, an die abstehende Locke, die sie in regelmäßigen Abständen mit immer der gleichen, ebenso ungeschickten wie sinnlosen Bewegung zurückzustreichen versuchte. Wie jetzt auch wieder.

Ich möchte es für sie tun, dachte Barbara in einer plötzlichen Aufwallung von Anhänglichkeit, ich möchte ihr trotz meiner teigverklebten Pfoten diese blöde Locke aus dem Gesicht streichen.

»Mama«, sagte sie leise.

»Gib mir doch mal das Mehl rüber, ja?«, bat die Mutter. »Der Teig ist viel zu dünn!«

Der Augenblick war vorbei.

Als Barbara wieder in ihrem Zimmer war, nahm sie sich die Englischgrammatik vor. Seite fünfundfünfzig bis Seite zweiundsechzig. *Das Gerundium.* Zu wiederholen bis Montag. Das Gerundium als Subjekt, als prädikative Ergänzung, als direktes Objekt, als Ergänzung mit Präposition. Was war noch mal eine Präposition? Ach, Mist, tausend Regeln und für jede Regel hundert Ausnahmen. Barbara warf die Grammatik in die Ecke. Sie kapierte das ja sowieso nicht. Die Schule ging ihr noch mehr auf den Keks als Weihnachten. Sie konnte sich im Moment nur auf eines konzentrieren: auf das Treffen mit dem Schlaks am nächsten Donnerstag.

13

Am Donnerstag verschwand Barbara gleich nach dem Mittagessen im Obergeschoss, wo Luise sie unentwegt zwischen dem Bad und ihrem Zimmer hin und her pendeln hörte. Was die Mutter nicht mitbekam, waren die unzähligen Stopps vor dem großen Flurspiegel.

Barbara hatte eine ganz bestimmte Vorstellung von sich selbst, von ihrem Äußeren, ihrer Wirkung auf andere, und sie wollte, dass diese Wirkung auch rüberkam. Gerade heute!

An Hilfsmitteln fehlte es ihr nicht. Sie gab beinahe ihr gesamtes Taschengeld für Schminkutensilien und verrückte Kleidungsstücke aus. Ärgerlich war nur, dass die Teile, die sie grade anziehen wollte, meistens entweder schmutzig waren oder zerknautscht unter einem Berg anderer Klamotten vergraben oder überhaupt nicht aufzufinden waren. Manchmal bedauerte Barbara, dass sie Luise strikt verboten hatte, ihr Zimmer aufzuräumen.

Eine volle Stunde verwandte sie auf das Styling von Gesicht und Haaren. Eine weitere verging mit Probieren, Anziehen, Umziehen, Kombinieren und wieder Umziehen. Am Ende sah das Obergeschoss aus, als wäre eine Bombe darin explodiert, aber Barbara war mit ihrem Aussehen zufrieden!

Die frisch gewaschenen Haare waren kunstvoll zerzaust, die lila Strähne hatte einer schwarzen weichen müssen, was, wie Barbara fand, viel besser zu ihrer Haut passte und sie außerdem älter machte. Mit den Augen hatte sie sich besondere Mühe gegeben: eine geschwungene schwarze Linie auf dem Oberlid à la Kleopatra, schwarze Wimperntusche und rauchig dunkelgrüne Lidschatten. Die Fingernägel hatte sie schwarz lackiert. Glücklicherweise war gerade keiner abgebrochen.

Sie hatte sich für Schnürstiefel, schwarze Strumpfhosen und einen Minirock entschieden. Dazu trug sie eine Corsage aus schwarzem Leder, die so geschnitten war, dass sie auch einem Anfängerbusen zu allgemeiner Aufmerksamkeit verhalf. Darüber warf sie sich ihre Fliegerjacke und das lässig um den Hals gebundene Arabertuch.

Trotz dieser zeitraubenden Vorbereitungen war Barbara wieder einmal viel zu früh in der Stadt. Da sie aber auf keinen Fall vor Tobias beim Treffpunkt sein wollte, schlenderte sie eine Weile durch die Fußgängerzone. Vielleicht bekam sie dabei ja eine Idee, was sie den Eltern zu Weihnachten schenken konnte.

Wir wünschen uns nichts, Barbara, nur ein gutes Zeugnis! Die übliche Leier! Und so großmütig! Um Himmels willen nur kein kostbares Geld ausgeben, dafür ein bisschen mehr Fleiß zeigen. Die würden sich nie ändern! Geldausgeben war für sie nun einmal das größte aller Opfer. Es sei denn, man gab es sparsam und für etwas *Vernünftiges* aus. Die Eltern waren Weltmeister in Sparsamkeit und Vernünftigkeit. Geld war absolut heilig.

Nicht für Barbara. Selbst wenn sie pleite war. Dann pumpte sie sich eben was von Ilona. Ilona hatte immer Geld. Wie sie das schaffte, war Barbara schleierhaft, denn sie bekam auch nicht mehr Taschengeld als sie selbst. Aber Ilona war eben Ilona.

Genau fünf Minuten nach der verabredeten Zeit betrat Barbara das Billardcafé. Es war laut und voll. Fast alle Tische waren besetzt. Barbara sah sich um. Der Schlaks war noch nicht da. Sie hatte es ja gewusst! Ein Großmaul, ein Schaumschläger, ein Windei, total unzuverlässig.

Gerade als sie wieder kehrtmachen wollte, sagte jemand hinter ihr: »Hallo, Karotte!«

»Hallo«, machte Barbara, immer noch wütend.

»Schon wieder auf dem Kriegspfad?« Der Schlaks sah sie aufmerksam an. »Die Bemalung ist jedenfalls gelungen!«

Barbara wurde rot, ohne dass sie etwas dagegen tun konnte.

»Hast du was herausgefunden?«, fragte sie herausfordernd.

»Ja und nein. Komm, setzen wir uns erst mal. Willst du etwas trinken?«

Barbara schüttelte den Kopf, folgte Tobias aber zu einem kleinen Tisch in der Ecke.

»Nun sag schon!«, drängte sie.

»Setz dich erst mal, okay?« Tobias zögerte einen kurzen

Moment. Dann sagte er: »Also, erstens: Deine Mutter, Laura Jaspers, war zum Zeitpunkt deiner Geburt ledig.«

»Sie war also nicht verheiratet?«

»Das bezeichnet man im Allgemeinen als ledig, ja! Deshalb gibt es auch keine offiziellen Angaben über deinen Vater. Die könnten nur von ihr selber kommen.«

Barbara hatte das Gefühl, als müsse sie sich mit beiden Händen an der Tischkante festklammern. Warum war sie darauf nicht eher gekommen! *Die Vaterschaft ergibt sich aus einem Randvermerk!*«, murmelte sie.

»Wie war das?«, fragte Tobias, der sie besorgt beobachtete.

»Ach nichts«, antwortete Barbara. Der Satz im Stammbuch sagte ja eigentlich schon alles! Ihr Vater – nichts als ein Randvermerk!

»Zweitens«, fuhr Tobias fort, wobei er versuchte, seiner Stimme einen fröhlichen Touch zu geben, »was den Wohnort deiner Mutter angeht, kann man nur sagen, die Frau ist ganz schön herumgekommen! Die reinste Globetrotterin!«

»Die reinste was?«, wollte Barbara wissen, aber Tobias ging nicht darauf ein. Er zog einen Zettel aus der Tasche, auf dem er sich Notizen gemacht hatte, und las vor: »Gleich nach deiner Geburt: Umzug nach Bielefeld!«

»Das wusste ich schon!«, sagte Barbara.

»Zwei Jahre später: von Bielefeld Umzug nach Borgholzhausen; ein Jahr darauf: zurück nach Bielefeld; zwei Jahre später: Umzug nach Steinwinkel!«

»Und?«, fragte Barbara.

»Und Sense«, sagte Tobias. »Da verliert sich die Spur.«

»Aber wieso?«, fragte Barbara. Plötzlich wurde ihr klar, was das bedeuten konnte: »Heißt das, dass sie nicht mehr am Leben ist?«

»Nein, nein«, beeilte sich Tobias zu sagen. »Ganz sicher

nicht. Das hätte der Computer mir gesagt. Nein, dafür kann es viele Gründe geben! Sie könnte zum Beispiel vergessen haben, sich abzumelden, als sie wieder einmal woandershin zog. Sie könnte einen anderen Namen angenommen haben, geheiratet haben!«

»Aber warum kann man das nicht herausbekommen?«

»Kann man, Karotte, kann man! Du musst nur noch ein bisschen Geduld haben! Ich habe schon alles Mögliche versucht, aber es ist so: Dieses Steinwinkel ist ein klitzekleines Kaff, da werden die Eintragungen wahrscheinlich noch mit Federkiel auf Schweinsblasen gemacht. Der Sachbearbeiter hat die Grippe, sein Stellvertreter ist im Urlaub und außerdem wird das Rathaus gerade renoviert. An die Akten ist im Moment nicht heranzukommen. Vor Januar ist da überhaupt nichts zu machen!«

»Dann fahre ich eben hin! Wie heißt der Ort noch mal?«

»Steinwinkel, aber ...«

»Und wo liegt das?«

»Auch in der Nähe von Bielefeld. Aber hör mal, Barbara, das ist doch absolut sinnlos! Du wirst da jetzt auch nichts erreichen!«

»Wenn das so ein kleines Kaff ist, werde ich sie finden!«

»Aber deine Mutter kann längst woanders wohnen. Warte bis Januar, Barbara, dann bin ich wieder da und mache weiter!«

Schlappe Nummer sechs, dachte Barbara. Nein, sieben, wenn man den »Randvermerk« mitzählte. Aber was hatte der Schlaks da eben gesagt? »Du fährst weg?«, fragte sie so beiläufig wie möglich.

»Nach Frankfurt, ja. Weihnachten mit den Eltern, wie sich das für einen braven Filius gehört! Ich habe doch hier nur so eine provisorische Bleibe, nur für die Zeit meines Praktikums. Hab ich dir das nicht erzählt?«

»Doch, hast du!« Aber nicht, was ein *Filius* ist, fügte sie im Stillen gereizt hinzu.

»Im Frühjahr fange ich mit dem Studium an«, fuhr der Schlaks fort. »Jura. Verwaltungsrecht, genauer gesagt.«

Barbara malte mit dem Finger Kreise in eine Colapfütze auf der Tischplatte. »Kann ich mir nichts drunter vorstellen«, sagte sie. »Wann fährst du?«

»Wann ich fahre? Morgen Abend!«

Das Billardcafé kam Barbara plötzlich ziemlich fad vor.

»Ich muss gehen«, sagte sie ohne Übergang.

»Moment«, hielt Tobias sie zurück. »Ich geb dir meine Telefonnummer in Frankfurt, okay?«

»Wozu?«, fragte Barbara unwirsch.

Tobias achtete weder auf Barbaras Einwand noch auf ihre so plötzlich aufgetretene mürrische Laune. Er schob ihr einen Zettel hin. »Gibst du mir auch deine Nummer?«

»Dreiundzwanzig fünfzehn«, sagte Barbara kurz. »Kann ich jetzt gehen?«

»Klar. Aber warte noch, ich wollte dir noch etwas geben!«

Tobias kramte umständlich in seiner Manteltasche und hielt Barbara ein kleines, längliches Päckchen hin. »Aber erst Weihnachten aufmachen!«

Barbara nahm es. »Danke«, sagte sie, schon im Gehen, drehte sich jedoch noch einmal um: »Überhaupt, danke!«

»Ciao, Rotkopf!«

»Ciao, Segelohr!«

Barbara schlängelte sich mühsam durch den Feierabendverkehr. Erst auf der Landstraße konnte sie ein bisschen aufdrehen. Bei der ersten günstigen Gelegenheit hielt sie an und holte das Päckchen aus ihrer Tasche.

Aber erst Weihnachten aufmachen! Der Schlaks kannte sie

noch nicht! Ungeduldig riss Barbara die Umhüllung ab. Eine schwarze Lackschachtel kam zum Vorschein. Mit einem Kärtchen:

> *Du hast gemogelt, Karotte!*
> *Ist jetzt etwa schon Weihnachten?*
> *Alles Gute trotzdem. Tobias!*

Barbara musste lachen. Der Schlaks kannte sie also doch schon ein bisschen. Sie öffnete das Lackkästchen. Auf einem Bett aus grünem Kunstgras lag eine rote Karotte. Eine Anstecknadel. Zum Anbeißen naturgetreu. Der Schlaks musste lange danach gesucht haben. Barbara steckte sich die Karotte an die Innenseite ihrer Fliegerjacke. Schachtel und Einwickelpapier warf sie achtlos in den Graben. Sie musste jetzt sofort zu Ilona!

»Gut, dass du kommst«, begrüßte die Freundin sie. »Ich muss dir etwas ganz Wichtiges erzählen!«

»Ich dir auch«, sagte Barbara.

»Dann erzähl du zuerst!«

»Nein, du!«, sagte Barbara.

»Okay.« Ilona machte es sich auf ihrem Sitzsack gemütlich. »Ich habe eine Lehrstelle! Bei der Bank. Am ersten September geht es los!«

»Bei der Bank? Hast du dazu denn Lust?«

»Klar, Bank ist schon in Ordnung. Und stell dir vor, die nehmen mich, ohne auf das Abschlusszeugnis zu warten. Das letzte hat ihnen genügt. Ich glaube, mein Vater hat ein bisschen daran gedreht!«

»Toll«, sagte Barbara ohne größere Begeisterung.

Ilona sah sie bedeutungsvoll an. »Und nun rate mal, wo?«

»Hier bei der Zweigstelle von der Kreissparkasse?«
Ilona schüttelte den Kopf. »Nicht in Riedbach!«
»In Mainau?«
Wieder schüttelte Ilona den Kopf. »In Frankfurt!«, platzte sie heraus.
»In Frankfurt!«, wiederholte Barbara andächtig. Frankfurt war seit je das Zauberwort zwischen den beiden Freundinnen. Frankfurt war die Großstadt, das echte Leben!
»Aber wie willst du das machen? Es ist doch viel zu weit, um jeden Tag hinzufahren!«, wollte Barbara wissen.
»Ich werde in der Woche bei meiner Tante wohnen. Tante Helen. Eine Schwester meines Vaters. Sie hat so eine alte Villa in der Innenstadt. Ein bisschen vergammelt, aber ziemlich geräumig. Und sie wohnt ganz allein dort, wenn man die zwölf Katzen nicht mitrechnet. Und sie ist froh, wenn ich zu ihr ziehe, weil sie ständig Angst vor Einbrechern hat!«
»Aber deine Eltern? Erlauben die das denn?«
»Ja. Mein Vater sagt, für eine gute Ausbildung muss man flexibel sein. Allerdings, wenn Tante Helen nicht wäre, würden sie mich bestimmt nicht nach Frankfurt ziehen lassen!«
Frankfurt. Barbara sah auf ihre Schuhspitzen. Was war das, dieses flaue Gefühl in ihrer Magengrube? Doch nicht etwa Neid? Sie sprang auf, lief auf ihre Freundin zu und umarmte sie fest. »Ich beneide dich, Ilona«, rief sie herzlich. »Das ist einfach eine tolle Nachricht! Auch wenn du mich hier ganz allein in Riedbach vermodern lässt, du alte Gummigurke!«
Jetzt sprang auch Ilona auf und umarmte Barbara. »Du kommst nach«, rief sie. »Du kommst irgendwann nach!«
Gemeinsam tanzten sie eine Art Indianertanz oder was sie sich unter einem Indianertanz vorstellten und sangen dabei: »Nach Frankfurt! Nach Frankfurt! Nach Frankfurt!«
Atemlos hielt Ilona inne. »Aber jetzt bist du dran! Du woll-

test mir doch auch etwas erzählen. Also los!« Freundschaftlich zog sie Barbara zu sich aufs Bett und hörte sich an, was Barbaras neue Bekanntschaft inzwischen herausgefunden hatte. »Er hat ganz Recht, dein neuer Freund«, sagte Ilona schließlich. »Es hat doch überhaupt keinen Sinn, jetzt loszudüsen und auf eigene Faust deine Mutter zu suchen! Nun hat alles so lange gedauert, nun kommt es auf ein paar Tage doch auch nicht mehr an!«

Barbara nickte. »Vielleicht hast du Recht«, sagte sie.

Ilona beugte sich vor. »Sag mal, wie ist er denn so?«, fragte sie.

»Wer?«

»Stell dich nicht blöder, als du bist, Babsie! Der Typ vom Rathaus!«

Statt einer Antwort klappte Barbara ihre Jacke auf. »Da«, sagte sie, »hat er mir geschenkt!«

»Wow! Ein Anstecker. Sieht wie 'ne echte Karotte aus!«

»So nennt er mich immer!«

»Wow!«, machte Ilona noch einmal.

»Sehr witzig, nicht?« Barbara versuchte so ironisch wie möglich zu klingen.

Doch Ilona sah ihre Freundin nur verschmitzt an und fragte betont harmlos: »Magst du ihn?«

Barbara merkte, wie sie rot wurde, griff schnell zu einem Sofakissen und warf es Ilona an den Kopf. »Wie kommst du denn darauf!«, protestierte sie. »Der ist überhaupt nicht mein Typ. Zu schlaksig! Und eingebildet! Dauernd irgendwelche Fremdworte. Und mindestens zwanzig Jahre alt! Und Segelohren hat er auch!«

»Schon kapiert«, lachte Ilona und grabschte sich ihrerseits ein Kissen. »Ein richtiges Ekel, was? Möchte ich trotzdem gern mal kennen lernen!«

»Das könnte dir so passen, du Schlange«, lachte Barbara. »Du kannst Jens dafür haben. Ich schenk ihn dir. Wenn du willst, pack ich ihn dir sogar ein. Du stehst doch auf Milchbubis!«

»Besser Milchbubi als Grufti mit Segelohren«, gab Ilona kichernd zurück.

14

Wie üblich wurde Weihnachten der Esstisch im Wohnzimmer schon vorsorglich gedeckt, mit weißer Damastdecke und Servietten, mit dem guten Geschirr und den echten Kristallgläsern. Und Holger hatte seinen dunklen Anzug an, in dem er immer wie verkleidet wirkte, und Luise trug ihr großblumiges Seidenkostüm, das unter der Küchenschürze zerknitterte. Barbara hatte an diesem Tag ihren guten Willen zeigen wollen und sich deshalb in ihr einziges Kleid gezwängt, obwohl sie Kleider nicht ausstehen konnte.

Aber vor dem Gänsebraten-Festessen fand, auch wie üblich, die Bescherung statt. Die Kerzen am Tannenbaum brannten, eine Platte spielte Weihnachtslieder. Es war eine der wenigen Platten, die die Eltern besaßen, uralt und mit tausend Kratzern. Ein Kinderchor leierte sich durch sämtliche bekannte Weihnachtslieder von »O du fröhliche« bis »Ihr Kinderlein kommet«.

Alles wie gehabt, dachte Barbara. Und jetzt kommen wir zur Verteilung der *nützlichen* Geschenke.

Doch sie irrte sich. Von Luise bekam sie einen schwarzen, nieten- und strassbeschlagenen Ledergürtel, ein wirklich heißes Ding, für das sie wohl extra nach Frankfurt gefahren sein musste. Und auch Holger hatte sich diesmal etwas Besonderes für sie ausgedacht: Er hatte Barbara ein Girokonto eingerichtet, auf das in Zukunft ihr Taschengeld überwiesen werden würde. Der erste Kontoauszug wies einen dreistelligen Betrag aus, einen *Weihnachtsbonus*, wie der Vater sagte. Barbara wartete auf den Appell, sparsam mit dem Geld umzugehen, der überraschenderweise jedoch ausblieb. Sie sollte frei darüber verfügen können.

Als Barbara die Eltern umarmte, war ihre Freude echt. Aber auch sie hatte sich dieses Jahr besondere Mühe gegeben. Die Eltern bekamen von ihr jeder einen Fotokalender. Die Idee dazu hatte sie bekommen, als sie in Mainau im Kaufhaus leere Kalenderblocks mit den aufgedruckten Daten des kommenden Jahres gefunden hatte.

Für die Mutter hatte sie einen Baumkalender gemacht. Jedes Monatsblatt zierte ein Foto von einem Baum. Mal mit kahlen Ästen, mal bereift, schneebedeckt, in voller Blüte, windgepeitscht, mit grünen, gelben, roten Blättern. Je nach Jahreszeit.

Für den Kalender des Vaters hatte Barbara Ansichten von Bauwerken gewählt. Von alten Bauwerken aus der näheren Umgebung: die älteste, halb verfallene Scheune des Dorfes, das ehemalige Spritzenhaus, den Turm der kleinen Backsteinkirche, die alte Schmiede.

Der Vater betrachtete sein Geschenk mit großem Interesse. »Eine saubere Arbeit, Barbara«, sagte er anerkennend. »Ich werde den Kalender in der Werkstatt aufhängen, damit ich ihn immer sehen kann.«

»Und vor allem, damit andere ihn sehen können, gib es schon zu«, sagte die Mutter lächelnd. »Du willst doch damit bei den Gesellen nur angeben!«

»Du hast mich durchschaut«, lachte der Vater.

»Ich hänge meinen in die Küche«, sagte die Mutter. »Da verbringe ich schließlich die meiste Zeit.«

Barbara musste an die schludrig gebastelten Geschenke denken, mit denen sie die Eltern in früheren Jahren beglückt hatte. Die windschiefen Topflappen, den verbeult getöpferten Bleistifthalter, der so weite Löcher hatte, dass die Stifte sofort darin umfielen. Ob die Eltern damals immer nur so getan hatten, als ob sie sich über ihre Machwerke freuten? So wie sie sich über die warme Unterwäsche? Es würde sie nicht wundern! Diesmal schien ihre Freude jedoch echt zu sein.

Barbara war selber stolz auf ihre Fotos. Sie hatte sie im Schullabor entwickelt und einige der besten Abzüge in der Klasse aufgehängt. Frau Carsten war davon so begeistert gewesen, dass sie sie mit nach Hause genommen hatte, um sie ihrem Mann zu zeigen. Der war davon ebenfalls sehr angetan gewesen. Und Herr Carsten verstand etwas davon.

Bei Holger war Barbara sich nicht sicher, ob er mit seinem Lob die künstlerische Qualität ihrer Foto meinte oder nur den handwerklichen Teil der Arbeit. Wie auch immer: Es war das erste Mal, dass er sich überhaupt ernsthaft mit etwas auseinander setzte, was sonst unter *Barbaras spinnerten Ideen* lief.

Und noch etwas war neu an diesem Weihnachtsfest. Es gab keine lange Diskussion mehr, als Barbara später in die Disko wollte. Die Eltern redeten ihr sogar zu. Sie selbst hatten sich Freunde eingeladen, mit denen sie später Karten spielen wollten. Endlich schien auch bei ihnen Schluss zu sein mit diesem verquälten Weihnachtsfeierblabla.

Das Beste an Weihnachten waren ohnehin die Ferien! Barbara kamen sie diesmal allerdings unerträglich lang vor. Mehr als einmal war sie drauf und dran, Tobias anzurufen. Sie tat es nicht. Sie hätte gar nicht gewusst, was sie sagen sollte, warum sie ihn anrief. Sie konnte diesen eingebildeten Schnösel förmlich hören, wie er sich über sie lustig machte. *Na, Karotte, hat dich die Sehnsucht nach mir übermannt?* Nur das nicht! Sollte er sie doch anrufen, wenn er etwas von ihr wollte. Auf ihren Anruf konnte er lange warten!

Dagegen überraschte Barbara sich aber immer öfter bei einem imaginären Dialog mit dem Schlaks. Da war natürlich *sie* diejenige, die lauter schlagfertige, intelligente und witzige Dinge sagte.

Doch als Tobias eines Tages tatsächlich anrief, wollte Barbara absolut nichts Witziges einfallen. Genau genommen fiel ihr überhaupt nichts ein. Sie stand da, den Hörer in der Hand, mit roten Ohren, und stammelte so dämliches Zeug wie das allerletzte, verblödete Landei!

Glücklicherweise redete der Schlaks die meiste Zeit. Täuschte sie sich oder klang seine Stimme ein wenig hektisch? Er hatte ihr eigentlich auch nichts mitzuteilen, was sie nicht sowieso schon wusste. Dass er nämlich am dritten Januar wieder in Mainau sein würde, dass er sich dann sofort auf die Suche nach ihrer Mutter machen würde und dass er hoffte, bald etwas herauszufinden. Kein Wort darüber, dass er sich freuen würde, sie wieder zu sehen.

Warum hat er mich überhaupt angerufen?, fragte sich Barbara. Und warum hatte sie plötzlich Lust, auf den Tannenbaum zu klettern, die Internationale zu singen (obwohl sie nur zwei Zeilen Text davon kannte) und ein rohes Ei in der Hand zu zerquetschen? Noch fünf Tage bis zum dritten Januar.

Im Nachhinein kamen Barbara die Weihnachtsferien wie eine Art Schonzeit vor. Sobald die Schule wieder anfing, begannen auch wieder die Spannungen mit den Eltern. Schule, das war für die das Thema Nummer eins! Besonders jetzt, wo Ende des Monats das Halbjahreszeugnis anstand. Es war das letzte Zeugnis vor dem Schulabgang.

Dieses Zeugnis ist noch wichtiger als das eigentliche Abgangszeugnis, Barbara! Du weißt, dass du dich damit bewerben musst! Je besser deine Noten sind, desto besser sind deine Chancen auf eine gute Lehrstelle!

Täglich bekam Barbara solche Ermahnungen zu hören. Holger redete von *am Riemen reißen*, von *Pflichten, die jeder hat*, und machte nicht einmal vor *dem Ernst des Lebens* halt. Sprüche wie Autoaufkleber, fand Barbara. Sie wusste, dass ihr Zeugnis eine Katastrophe sein würde. Zwei Fünfen in Hauptfächern und zwei weitere in Nebenfächern und alles ohne Ausgleich. Daran ließ sich nichts mehr ändern. Was hatte es also jetzt noch für einen Sinn, sich groß anzustrengen?

Barbara traf sich stattdessen lieber mit Tobias. Sie hatte einen triftigen Grund dazu, wie sie sich selbst einredete. Er half ihr bei der Suche nach ihrer Mutter!

Aber das war es natürlich nicht allein. Barbara hatte noch nie jemanden wie ihn kennen gelernt. Tobias war anders als die Jungen aus ihrer Clique. Hatte mehr drauf. War trotzdem locker und witzig. Er redete mit ihr über Dinge, die sie bis jetzt für absolut langweilig gehalten hatte. Ihn interessierte alles: Politik und Fußball, schlaue Bücher, Technik, Jazz und Mode, Naturschutz, Billardspielen und moderne Kunst. Er war ein echtes Gegengewicht zu Holger und Luise!

Doch Barbara war auf der Hut. Sie ließ Tobias nicht an sich heran, gab nichts von sich preis, blieb verschlossen, trotz seiner vielen Fragen. Sie wollte keine enge Freundschaft mit ihm. Tobias würde wieder zurück nach Frankfurt gehen. Er würde schnell jemanden anders finden. Warum auch nicht? Was sollte er auch anfangen mit einem Dorftrampel, das von nichts eine Ahnung hatte, das seine Fremdworte nicht verstand, das sogar zu blöd war, den Realschulabschluss zu schaffen! Sie würde ihn verlieren. War es da nicht besser, sie »hatte« ihn gar nicht erst? Es reichte, wenn sie Ilona verlor!

Jedes Mal, wenn Barbara von einem Treffen mit Tobias kam, konnte sie an nichts anderes denken: Tobias in Frankfurt. Ilona in Frankfurt. Nur sie, sie würde allein in Riedbach bleiben müssen. Eine Horrorvorstellung! Allein in ihrem Zimmer, warf Barbara sich dann aufs Bett und blieb manchmal stundenlang liegen, wie gelähmt vor Traurigkeit.

Und immer wieder begann sie zu grübeln: Wie wäre sie als Silvia Jaspers aufgewachsen? Mit Geschwistern? Einem Bruder vielleicht? In einer Großstadt? Wäre dann alles anders gekommen? Wäre *sie* anders?

Wenn sie doch bloß bald ihre Mutter finden würde! Vielleicht würde sich damit alles für sie ändern.

Leider war Tobias immer noch nicht weitergekommen. »Es ist wie verhext«, sagte er zu Barbara, als sie wieder einmal zusammen im Billardcafé saßen. »Als wenn diese Laura Jaspers vom Erdboden verschluckt wäre!«

»Diese Laura Jaspers ist meine Mutter«, betonte Barbara.

»Deine Mutter, ja, natürlich! Sie muss ihren Namen geändert haben. Anders kann ich mir das nicht erklären. Aber keine Angst, ich bekomme die Anschrift schon noch heraus!«

»Wird das Rathaus in Steinwinkel oder wie dieses Kaff heißt, immer noch renoviert?«, fragte Barbara.

»Sieht so aus. Aber mach dir nichts draus, Karotte! Hab einfach Geduld. Ich bleibe dran! Sehen wir uns nächste Woche?«

Geduld! Geduld! Barbara hatte keine. Es vergingen noch zwei Wochen, ohne dass etwas passierte. Dafür kam von der Schule der blaue Brief. *Realschulabschluss gefährdet.*

Der Familienkrach ließ nicht lange auf sich warten.

»Das hast du ja fein hingekriegt!«, schimpfte Holger. »Du hast nichts weiter zu tun, als dich ausschließlich um deine Aufgaben zu kümmern, und was tust du?«

»Nichts!«, sagte Barbara patzig, womit sie nur vorwegnahm, was der Vater sowieso gleich sagen würde, was ihn aber erst richtig auf die Palme brachte.

»Du findest das wohl auch noch komisch, wie? Aber hast du dir schon mal überlegt, was du anfangen willst? Du wirst die Schule ohne Abschluss verlassen. Was glaubst du wohl, wer dich dann einstellt?«

»Weiß ich nicht«, sagte Barbara.

»Die Behörden, die Bank kannst du jedenfalls vergessen!«

»Umso besser!«, murmelte Barbara.

»Wie war das?«, brauste der Vater auf.

»Ich habe überhaupt keine Lust auf so eine bescheuerte Lehrstelle bei der Bank oder bei einer Behörde!«, schrie Barbara nun auch wütend. »Lieber geh ich putzen!«

»Viele andere Möglichkeiten werden dir wohl auch nicht bleiben!«, gab der Vater zurück.

»Holger«, versuchte die Mutter zu vermitteln. »Da steht doch nur, dass der Realschulabschluss gefährdet ist! Das heißt doch nicht, dass Barbara es nicht noch schaffen könnte!«

»Glaubst du an den Weihnachtsmann?«, fragte der Vater zornig. Er wies auf Barbara: »Frag sie selbst!«

Luises Blick machte es Barbara schwer, sie zu enttäuschen. Sie wandte sich ab. »Er hat Recht«, sagte sie. »Mit dem Realschulabschluss ist Sense!«

»Und was ist mit Nachhilfeunterricht?«, wandte Luise ein.

Das hat mir gerade noch gefehlt, dachte Barbara. Mir auch noch die Nachmittage versauen zu lassen! »*Das* Geld könnt ihr sparen«, rief sie. »Ich hab genug von dem ganzen Mist!«

»Aber Barbara«, fing Luise an, doch Holger unterbrach sie: »So, du hast also genug davon! Aber eines kann ich dir sagen: Wenn du deinen Lebensunterhalt ohne vernünftige Ausbildung verdienen musst, das wird kein Zuckerschlecken, glaub mir das, Fräulein! Gerade in der heutigen Zeit!«

»Was soll bloß aus dir werden?«, seufzte Luise.

Barbara zuckte nur die Schultern. Es war ihr egal. Sie hatte genug von dem Gejammer, genug von den Vorwürfen. Was war schon so wichtig an einem Zeugnis? Was sagte so ein dämlicher Wisch schon aus? Dass man drei englische Vokabeln mehr konnte als ein anderer, dass man irgendwelche idiotischen Matheregeln beherrschte? Dafür gab es doch Computer. Überhaupt, Holger und Luise hatten auch beide nur die Hauptschule besucht. Was sollte also die ganze Aufregung? Barbara wollte keinen Job, bei dem es auf Zahlen oder *ordentliches Schriftbild* oder braves Aussehen ankam. Sie wollte etwas machen, bei dem nicht nur einzelne, dämliche Fähigkeiten verlangt wurden, sondern etwas, wofür man sich mit Haut und Haaren einsetzen konnte, ganz und gar und rund um die Uhr ihretwegen. Wenn es nur etwas war, für das es sich auch lohnte!

Was das sein könnte, wusste sie allerdings nicht. Kein Wunder, dass DIE sie nicht verstanden! Es hatte deshalb auch keinen Zweck, noch lange darüber zu reden. Barbara drehte sich wortlos um und verließ die Küche.

»Bleib hier«, rief Holger.

Doch Barbara kümmerte sich nicht darum, sondern rannte die Treppe hinauf und in ihr Zimmer. Die Tür knallte laut hörbar hinter ihr zu.

Nach einer Weile griff sie zu ihrer Jacke und verließ das Haus leise durch die Tür zum Garten.

15

Als Barbara diesmal das Billardcafé betrat, war Tobias schon da. Sofort sah sie, dass etwas passiert war. Er hat sie endlich gefunden, dachte sie.

»Ich habe sie endlich gefunden!«, sagte Tobias. »Setz dich. Ich hole Kaffee!« Tobias stand auf, ging hinüber zum Tresen, ließ sich den Kaffee geben, kam zurück, setzte sich Barbara gegenüber, die es vor Ungeduld kaum noch aushielt.

»Und? Erzähl schon«, drängte sie.

Tobias räusperte sich: »Also, Laura Jaspers ...«

Barbara sah ihn durchdringend an.

»...deine Mutter«, sagte Tobias, »hat vor neun Jahren geheiratet. Einen gewissen, warte mal«, Tobias holte einen Notizblock aus seiner Tasche, »ja, einen Heinz Arnold.«

»Dann heißt sie jetzt Laura Arnold«, stellte Barbara fest. Irgendwie störte sie das.

»Laura Arnold, richtig. Deshalb war es auch so schwierig, sie zu finden. Umgezogen sind die Arnolds dann auch noch.«

»Wohin?«, fragte Barbara.

Wieder zog Tobias seinen Block zu Rate. »Nach Hannover! Und da wohnen sie auch jetzt noch: Hannover-Linden, Maria-Theresia-Straße 64A.«

»Hannover, das ist 'ne ganze Ecke von hier!«, überlegte Barbara.

»Moment«, Tobias war noch nicht fertig. »Da gibt es noch etwas!«

»Was denn noch?«

»Sie haben zwei Kinder. Ein Mädchen von acht Jahren und einen Jungen von sechs.«

»Zwei Kinder. Sie hat zwei Kinder!«, sagte Barbara, während sie über Tobias hinweg aus dem Fenster starrte.

»Karotte!« Tobias versuchte Barbaras Blick auf sich zu lenken. »Deine Mutter ist noch jung, gerade dreiunddreißig Jahre! Warum sollte sie nicht noch zwei Kinder haben?«

»Zwei, die sie behalten hat!« Barbara rührte angestrengt in ihrem Kaffeebecher.

Tobias legte eine Hand auf ihren Arm. »He«, sagte er. »Sie war siebzehn Jahre alt damals! Nicht viel älter als du jetzt. Wer weiß, in was für einer verzweifelten Lage sie sich befand. Sie war nicht verheiratet. Ist doch möglich, dass sie auch sonst niemanden hatte, der ihr hätte helfen können oder auch wollen! In manchen Familien gilt es immer noch als Schande, wenn die Tochter ein uneheliches Kind bekommt. Vielleicht haben sie das arme Ding einfach sich selbst überlassen. Vielleicht hat man ihr dich gleich bei der Geburt weggenommen und sie hat dich nie gesehen! Vielleicht wusste sie keinen anderen Ausweg!«

Barbara rührte weiter.

»Eins ist mal sicher, Karotte«, fuhr Tobias flüsternd fort: »Heute würde dich bestimmt keiner mehr weglassen!«

Barbara hob den Kopf. Ihre Blicke kreuzten sich. Beide schauten gleichzeitig wieder weg.

»Was willst du jetzt machen?«, fragte Tobias nach einer Weile sachlich.

»Hinfahren, natürlich!«

»Einfach so? Willst du sie nicht lieber vorwarnen? Dich bei ihr melden? Ihr schreiben?«

»Ja, sicher«, antwortete Barbara. »Ich schreibe ihr. Oder nein, ich rufe an. Oder vielleicht doch nicht. Ach, ich weiß noch nicht!«

»Soll ich dir irgendwie dabei helfen?«

»Nein, nein«, wehrte Barbara ab.

»Gut. Aber wenn du Kontakt mit deiner Mutter aufgenommen hast, ich meine, wenn du ein Treffen ausgemacht hast, könnte ich dich begleiten!«

»Du mich begleiten? Warum denn?«

»Na ja, ich denke, es wäre einfach besser, du bist nicht ganz allein, wenn du deine Mutter zum ersten Mal triffst! Ihr seid euch doch fremd und ...«

»Auf keinen Fall«, rief Barbara. »Ich gehe allein. Das ist ganz allein mein Ding!«

»Okay, okay.« Tobias hob die Hände, als wenn er sich ergeben wollte. »Aber nur mal angenommen, du überlegst es dir anders – ich könnte dich mit dem Auto nach Hannover fahren! Ich kann mir jederzeit frei nehmen!«

»Nein, nein.« Barbara schüttelte energisch den Kopf. »Das geht nur mich etwas an!«

Barbara fuhr bald darauf nach Hause.

In ihrem Zimmer warf Barbara sich erst einmal auf ihr Bett. Sie musste überlegen. Was sollte sie tun? Einfach nach Hannover fahren und ihre Mutter überraschen? Oder sollte sie sie lieber, wie Tobias ihr geraten hatte, vorwarnen? Das wäre sicher besser. Aber wie? Wie nahm man Kontakt zu einer Mutter auf, die man nicht kannte? Zu blöd, dass sie Tobias' Hilfe abgelehnt hatte. Der hätte gewusst, wie man so etwas macht. Tobias wusste immer alles. Oder fast alles. Auf jeden Fall mehr als sie!

Ach was! Barbara sprang auf. Einen Brief schreiben, das kriegte sie auch noch hin! Es brauchte ja kein langer Roman zu werden. Bloß keinen Schmus! Ein paar Zeilen, mit denen sie um ein Treffen bat, und basta!

Basta? Barbara war noch nie eine gute Schreiberin gewesen.

Außerdem hatte sie eine schreckliche Sauklaue. Nein, sie würde ihre Mutter doch lieber anrufen. Am besten jetzt gleich.

Barbara horchte ins Treppenhaus. Unten war alles still. Sie ging hinunter. Kontrollierte vorsichtshalber die Küche, die Stube. Keine Luise. War sicher einkaufen. Also dann!

Immer noch forsch wählte Barbara die Auskunft und bekam auch nach kurzer Zeit die Nummer von Heinz Arnold in Hannover-Linden. Als wenn es das Einfachste der Welt wäre. Sie notierte die Zahlen auf einem herumliegenden alten Kassenbon.

Und dann stand sie, den Zettel in der Hand, minutenlang vor dem schwarzen Apparat und konnte sich nicht entschließen, den Hörer abzunehmen. Schließlich tat sie es doch und begann zu wählen. Null – fünf – eins ... sie legte schnell wieder auf. Wie, zum Kuckuck, sollte sie sich überhaupt melden? Darüber hatte sie gar nicht nachgedacht! Mit Barbara Alsdorf? Mit Silvia? Silvia und weiter? Silvia Jaspers? Die gab es doch gar nicht!

Also doch Barbara? Aber dann mit Erklärung: Barbara ist nur mein Adoptivname. Eigentlich bin ich Silvia. Deine Silvia. Deine? Blabla! Wie wäre es mit: Hallo, Frau Arnold, entschuldigen Sie bitte, aber hier ist Ihre Tochter? Barbara stampfte mit dem Fuß auf, schüttelte wütend ihre Mähne. Wie kam sie dazu, sich zu entschuldigen? Warum sie? Sie hatte keinen Grund dazu. Sie doch nicht!

»He, Frau Arnold«, rief sie laut, »geborene Jaspers, hier steht Ihre Tochter! Das Kind, das Sie nicht haben wollten! Das Sie weggeschmissen haben! Die Fundsache für die glücklichen Finder! Ich schreibe Ihnen doch lieber!«

Barbara zerknüllte den Zettel mit der Telefonnummer und lief zurück in ihr Zimmer. Irgendwo musste sie Briefpapier haben, Ilona hatte ihr mal welches zum Geburtstag geschenkt. Nach einigem Wühlen fand sie es. Dicke, an den Rändern gezackte Bögen mit dazu passenden gefütterten Umschlägen. Sahen beeindruckend aus.

Barbara nahm ihren Füller und überlegte. Wie sollte sie anfangen? Mit der Anrede, klar! Aber mit welcher? Schreiben war auch nicht einfacher als telefonieren, stellte sie fest. Sie probierte: Liebe Mama, so ein Schwachsinn! Sie war schließlich kein Baby mehr. Ein neuer Briefbogen. Liebe Frau Arnold, begann sie, aber auch das gefiel ihr nicht. Frau Arnold! Was hatte sie, Barbara, schon mit Herrn Arnold zu tun? Sollte sie nicht einfach schreiben: Liebe Mutter? Nein, das klang irgendwie rührselig! Noch ein Briefbogen, der im Papierkorb landete.

Plötzlich glaubte Barbara, das Passende gefunden zu haben: Mutter! Ja, das gefiel ihr am besten. Sie war ihre Mutter. Ob sie ihre liebe Mutter war, musste sich schließlich erst herausstellen.

Schön, jetzt hatte sie die Anrede. Und weiter? Barbara probierte Sätze, stellte sie um, begann von neuem. Noch einmal und noch einmal, bis sie bestürzt feststellte, dass sie das ganze schöne Briefpapier verbraucht hatte.

Entschlossen fegte sie die misslungenen Versuche vom Tisch, riss einen einfachen Bogen aus ihrem Deutschheft und schrieb:

Mutter,
durch Zufall habe ich erfahren, dass ich adoptiert wurde
und du meine eigentliche Mutter bist. Ich möchte dich
gerne sehen. Ich kann jederzeit nach Hannover kommen,
wenn du mir sagst, wann es dir passt. Mein Name ist jetzt
Barbara Alsdorf. Bitte schreibe mir an die Adresse meiner
Freundin Ilona Bergmann, Luhdorfer Weg 8, Riedbach,
Kreis Mainau.

Silvia

Barbara faltete den Zettel zusammen, steckte ihn in einen der gefütterten Umschläge und klebte ihn rasch zu, aus Angst, es sich womöglich wieder anders zu überlegen. Nun fehlte nur noch die Adresse auf dem Umschlag. Barbara gab sich besondere Mühe, deutlich zu schreiben. Die Briefmarke würde sie bei der Post aus dem Automaten ziehen.

Auf dem Rückweg konnte sie gleich bei Ilona vorbeigehen und sie vorwarnen.

Barbara war schon fast aus dem Haus, als sie noch einmal kehrtmachte und die Treppe wieder hinaufsauste. Die voll gekritzelten Briefbogen! Sie wollte nicht, dass sie womöglich Luise in die Hände fielen. Barbara sammelte sie in eine Tüte. Sie würde sie unterwegs im nächsten Container verschwinden lassen.

16

Voller Ungeduld wartete Barbara auf die Antwort ihrer Mutter. Jeden Tag nach Schulschluss begleitete sie Ilona nach Hause, um zu sehen, ob dort Post für sie gekommen war. Doch ein Tag verging nach dem anderen, ohne dass sich etwas tat. Barbara befürchtete schon, dass ihr eigener Brief verloren gegangen sein könnte. Gleichzeitig hatte sie das bestimmte Gefühl, dass es nicht der Fall war.

Mehrmals war sie drauf und dran, ihre Mutter anzurufen. Wohl ein Dutzend Mal stand sie in einer Telefonzelle und wählte die Nummer, die sie inzwischen längst auswendig kannte. Aber jedes Mal legte sie noch vor dem Freizeichen wieder auf. Was sollte sie sagen, wenn der Mann an der Strippe war? Oder eines der Kinder?

Inzwischen war der Januar vorbei und es gab Zeugnisse. Das von Barbara fiel aus wie erwartet: mies.

Luise war enttäuscht, sagte aber nichts. Holger ließ seinem Ärger freien Lauf.

Barbara hörte kaum hin. Es war ihr egal, was *aus so einer wie dir werden soll*! Warum sollte überhaupt irgendetwas aus ihr werden? Sie konnte immer noch auswandern. Am besten in die Antarktis!

Um die Predigt abzukürzen, setzte sie jedoch eine schuldbewusste Miene auf und durfte dann auch bald darauf die Anklagebank Küche verlassen. Frau Carsten hatte sie um einen Besuch gebeten. Wenn sie sich schon eine Standpauke anhören musste, dann lieber eine von der!

Wie sich jedoch herausstellte, ging es gar nicht um Barbaras schulische Leistungen. Es war auch gar nicht Frau Carsten, die mit ihr sprechen wollte, sondern ihr Mann.

»Ich möchte dir einen Vorschlag machen, Barbara!«, begann Herr Carsten. »Ich habe einen Bekannten, besser gesagt, einen Freund. Er ist Amerikaner. David Warren. Sagt dir der Name etwas?«

Barbara schüttelte den Kopf.

»Nein? Na, macht nichts. David ist Fotograf, einer der ganz Großen in der Branche! Ja, und der sucht eine Assistentin oder so etwas. Würde dich das interessieren?«

»Ob mich das interessieren würde?« Verdammt, jetzt fing sie auch schon an, alles zu wiederholen, genau wie der Schlaks.

»Ich weiß nicht, doch, natürlich«, stammelte Barbara. »Aber würde der mich denn nehmen? Als Assistentin? Ausgerechnet mich?«, fragte sie zweifelnd.

Herr Carsten lächelte. »Ich habe ihm von dir erzählt. Er will dich natürlich erst mal kennen lernen. Aber ich bin ziemlich sicher, dass es klappt!«

»Du hast Talent zum Fotografieren, Barbara«, mischte sich jetzt Frau Carsten ein. »Und deshalb glauben wir, dass diese Sache genau das Richtige für dich wäre!«

»Das wäre einfach ... einfach super wäre das!«, rief Barbara. »Wenn der mich wirklich nimmt«, setzte sie vorsichtig hinzu. »Ich wollte schon immer richtig fotografieren lernen, mit allem, was dazu gehört!«

»Ich schreibe dir die Adresse und Telefonnummer auf, dann kannst du David selber anrufen und dich mit ihm verabreden. Er ist ein bisschen verrückt, aber keine Angst, er ist in Ordnung!«

»Wo wohnt er denn?«, wollte Barbara wissen.

»David Warren hat sein Atelier in Frankfurt!«

»In Frankfurt?« Das wurde ja immer besser, dachte Barbara. Doch gleich darauf verließ sie der Mut. »Das werden meine Eltern nie erlauben, dass ich nach Frankfurt gehe!«

»Sie müssen«, sagte Frau Carsten. »Ich werde mit ihnen reden, Barbara. Die Chance, bei einem weltberühmten Fotografen zu lernen, bekommt man nur einmal im Leben. Das darf man sich nicht einfach entgehen lassen! Deine Eltern werden das sicher auch einsehen!«

Frau Carsten hielt Wort und sprach mit den Eltern. Und es kostete sie große Mühe, ihre Zustimmung zu bekommen.

Besonders Holger hatte zunächst tausend Einwände. Ihm gefiel nicht, dass Barbara keinen richtigen Lehrvertrag erhielt, dass sie später ohne *ordentlichen Abschluss* dastehen würde. *Nichts Halbes und nichts Ganzes!* Ganz zu schweigen davon, dass *Frankfurt kein Pflaster für ein junges Mädchen ist.*

Zu Barbaras Glück konnte Frau Carsten sehr überzeugend

sein. Und als dann noch Ilonas Tante Helen bereit war, Barbara ebenfalls während der Woche bei sich aufzunehmen und *ein Auge auf die beiden jungen Dinger zu haben*, war alles geritzt.

Doch noch hatte Barbara den großen Fotografen nicht gesehen. Und er sie nicht.

Barbara rief die Nummer an, die Herr Carsten ihr gegeben hatte, und bekam von einer weiblichen Stimme Tag und Uhrzeit für ein Treffen genannt. Barbara überlegte flüchtig, ob sie sich von Tobias hinfahren lassen sollte, entschied sich dann aber anders. Er sollte erst von dem Job erfahren, wenn sie ihn wirklich hatte.

Das Atelier von David Warren befand sich in Frankfurts Innenstadt. Im Dachgeschoss eines etwas heruntergekommenen Privathauses. Barbara kletterte die drei Stockwerke hinauf und blieb einen Moment mit ihrer Mappe vor der Tür stehen. Sie hatte plötzlich Angst, sich mit ihren Arbeiten zu blamieren. Ob sie die Mappe einfach hier draußen im Flur lassen sollte?

Ach was, dachte sie dann, der Carsten fand sie gut, vielleicht sind sie wirklich nicht so übel. Sie drückte die Mappe an sich und klopfte. Keine Antwort. Als sich nach nochmaligem Klopfen wieder nichts rührte, öffnete sie die Tür und trat ein.

Es war ein riesiger Raum, der sich wahrscheinlich über die gesamte Grundfläche des Gebäudes erstreckte. Barbara blieb die Luft weg. Sie war selber ziemlich schlampig; dass jemand jedoch in einem solchen Chaos arbeiten konnte, hätte sie nicht für möglich gehalten! Strahler, Leinwände, Vorhänge, umgekippte Papierrollen, Stative, Stühle, überquellende Aschenbecher, gebrauchte Kaffeetassen, Pappdeckel mit Resten von Hotdogs, dazu Berge von allerlei merkwürdigen Gegenständen und Kleidungsstücken. Und Fotos, Fotos, Fotos! Alles in einem wilden Durcheinander. Dazwischen ein gestikulierender Riese mit einer Kamera, der immerzu »*Come on!*« brüllte.

Erst jetzt sah Barbara das Mädchen. Es war einfach toll. Das tollste Mädchen, das Barbara jemals gesehen hatte. Schwarz. Die Haare zu tausend dünnen Zöpfen geflochten. Mit irren Klamotten.

Plötzlich schwenkte die Kamera in Barbaras Richtung. Ein unverständliches Brüllen aus dem Bart darunter, eine Hand, die Barbara heranwinkte, sie neben das schwarze Mädchen dirigierte, wiederholtes »*Come on! Come on!*«, Klicken des Auslösers, endlich ein deutliches deutsches »Scheiße!«, gefolgt von einem Ringkampf mit der Kamera, die nicht so wollte wie ihr Meister und deshalb zur Strafe auf einem Stapel Zeitschriften abgelegt wurde.

Barbara glaubte, dass es jetzt günstig wäre, sich vorzustellen, kam aber nicht dazu.

»Was fürr ein Haarr!«, brüllte der Riese sie an. »Einfach *wonderful!*«

Der hält mich womöglich für eine, die Fotomodell werden möchte, dachte Barbara. Und amüsiert sich nicht schlecht über mich, weil ich so ein Trampel bin. »Ich bin Barbara Alsdorf«, sagte sie laut und tapfer. »Ich möchte bei Ihnen fotografieren lernen!«

»*Oh, I see.*« Der Riese nickte. »Mein Freund Peter hat mir von dir erzählt!« Er winkte mit der Hand. »*Come on!* Sind das deine Arbeiten? Zeig herr!«

Was blieb ihr anderes übrig? Zögernd gab Barbara dem Riesen ihre Mappe.

Der schlug sie auf, blätterte, lachte schließlich dröhnend. »Du hast so gut wie *everything* falsch gemacht, Baby! Falsche Blende, falscher Filter, falscher Winkel!«

Er klappte die Mappe zu und warf sie neben sich auf die

Erde. »Aber du hast Spaß am Fotografieren, *right*? Du hast das Auge. *Let's try. Okay*?«

Barbara konnte nur nicken.

»Du wirst alles machen.« Der Riese wies in die Runde. »Termine! Kaffee! Alles eben. Und du wirst alles lernen. Du musst sehr *flexible* sein! Hast du etwas *against* kranke Arbeitszeiten?«

Barbara schüttelte den Kopf.

Der Riese grinste zufrieden. »Okay. Wann kannst du anfangen?«

»Ich komme Anfang Juli aus der Schule«, sagte Barbara.

»Oh, *that's bad*, sehrr schlecht! Im Juli, ich bin in *the States*. August, wie ist es mit *beginning of august*?«

»Anfang August geht!«

»Okay, Barbara«, sagte der Riese und hielt ihr seine Pranke hin.

Barbara nahm sie nicht sofort. »Herr Warren«, sagte sie, »ich sag es Ihnen lieber gleich: Mein Zeugnis ist eine Katastrophe und ...«

Weiter kam sie nicht. »*First, my name is David!*«, sagte der Riese. »*Just David, okay? Second*, Zeugnisse interresierren mich nicht! *That's bullshit!*«

»Und mein Englisch ist auch nicht besonders!«, sagte Barbara schnell. Besser, er wusste alles.

Diesmal lachte der Riese. »*My English* auch nicht, Baby! Ich bin Amerikaner! Und wie Oscar Wilde sagt oder *another one*: Wir haben vieles mit den *English people* gemein, nur nicht die Sprache!«

Barbara hätte laut schreien mögen vor Glück und in einer Tour Luftsprünge machen. Noch im Zug war sie viel zu aufgedreht, um es auf einem Sitzplatz auszuhalten. Sie lief im

Gang auf und ab, wobei es in ihrem Kopf summte: Ich hab den Job! Ich hab den Job! Er nimmt mich! Der berühmte David Warren nimmt mich, Barbara Alsdorf, als seine Assistentin! Ich werde Fotografin!

»Es hat geklappt! Ich hab den Job!«, rief Barbara schon von der Haustür aus triumphierend den Eltern zu, die auf sie warteten.

Luise sah ihre Tochter seit langem das erste Mal wieder richtig strahlen. Sie nahm sie in die Arme: »Ich freue mich ja so für dich, Babsie!«, sagte sie.

»Meinen Glückwunsch, Barbara!«, schloss sich Holger an.

Das musste man ihm lassen: Hatte er sich einmal zu einer Entscheidung durchgerungen, dann stand er auch dazu. »Ich hoffe, dass es das Richtige für dich ist!«, fügte er dann aber doch noch hinzu.

Luise hatte sich abgewandt. Sie freute sich für Barbara, die jetzt aufgeregt und glücklich mit Ilona telefonierte. Aber die Vorstellung, dass sie in wenigen Monaten aus dem Haus gehen würde, stimmte sie ein wenig melancholisch. Sicher, es war geplant, dass Barbara nur während der Woche bei Ilonas Tante wohnen sollte. Aber Luise machte sich keine Illusionen: Sie würde dort, wo sie arbeitete, auch Freunde finden, sie würde mit der Zeit auch an den Wochenenden immer seltener nach Riedbach kommen. Sie würde bald nur noch Besuch zu Hause sein. Luise warf Holger einen Blick zu.

Empfand er das genauso? Wenn ja, ließ er es sich nicht anmerken. Luise fühlte sich plötzlich alt.

Am nächsten Nachmittag war Barbara mit Tobias verabredet. Wie immer trafen sie sich in Mainau im Billardcafé.

»Du strahlst ja, Karotte, als wenn du das große Los gezogen hättest!«, begrüßte Tobias sie.

»Hab ich!«, antwortete Barbara.

»Hm?«

»Ich gehe nach Frankfurt!«, sprudelte Barbara hervor. »Wenn die Penne vorbei ist. Im August!«

»Lehrstelle?«, fragte Tobias.

Barbara schüttelte den Kopf.

»Weiterbildende Schule?«

Wieder schüttelte Barbara den Kopf.

»Man hat dich zum Vorstandsvorsitzenden der Deutschen Bank gemacht!«, sagte Tobias mit gespielter Ernsthaftigkeit.

Barbara wusste nicht, was das war, nickte aber. »So ähnlich«, sagte sie. »Ich werde Assistentin bei einem Fotografen Bei einem total schrägen Typ, sag ich dir! Einem Amerikaner. Er heißt David Warren.«

»David Warren!« Tobias pfiff anerkennend durch die Zähne. »Das ist besser als Deutsche Bank!«

»Kennst du den?«, fragte Barbara neugierig.

»Nicht persönlich natürlich. Aber ein paar von seinen Arbeiten! Der macht öfter Ausstellungen! David Warren ist, glaube ich, die Nummer eins in seinem Fach! Mann, wie bist du bloß an den gekommen?«

Barbara berichtete von den Fotos, die sie in der Schule aufgehängt hatte, von Frau Carsten, von Herrn Carsten, der mit dem Fotografen befreundet war, und schließlich von ihrem Besuch im Atelier in Frankfurt. »*Du hast das Auge!*, hat er zu mir gesagt«, kicherte sie.

Tobias kam mit seinem Gesicht ganz nahe an Barbara heran. »Der muss blind sein!«, sagte er. »Ich zähle zwei. Und was für welche!«

Barbara nahm hastig einen Schluck aus ihrer Kaffeetasse.

Tobias sah sie unentwegt weiter an. »Find ich Spitze, dass du nach Frankfurt kommst, Karotte!«, sagte er.

»Find ich auch!«

»Wir werden es gemeinsam auf den Kopf stellen!«
Barbara lachte.

Es ist das erste Mal, stellte nun auch Tobias fest, dass sie richtig fröhlich ist, und auch das erste Mal, dass wir zusammen sind, ohne ein einziges Mal von ihrer Mutter gesprochen zu haben.

17

Die Freude über den interessanten Job, den sie im Sommer bei dem Fotografen antreten würde, die Aussicht, mit Ilona in Frankfurt wohnen zu dürfen, die Gewissheit, weiter mit Tobias zusammen sein zu können, überhaupt auszubrechen aus dem verpennten Riedbach, das alles hatte Barbaras Gedanken an ihre Mutter ein wenig in den Hintergrund gedrängt.

Trotzdem wartete sie weiter ungeduldig auf Antwort. Es dauerte dann aber noch zwei Wochen, bis Ilona eines Nachmittags anrief: »Du hast Post aus Hannover, von... Na, du weißt schon!«, flüsterte sie ins Telefon.

Barbara sauste sofort los. Außer Atem saß sie bald darauf in Ilonas Zimmer und hielt den Brief in der Hand.

Es war ein einfacher, grauer Umschlag aus Recyclingpapier. Barbara drehte ihn ein paar Mal hin und her, bevor sie ihn öffnete. Die Adresse auf der Vorderseite war in steiler, etwas staksiger Schrift geschrieben. Auf der Rückseite standen lediglich zwei Buchstaben: L. A.

»›L. A.‹ für Laura Arnold«, sagte Ilona. »Aber nun mach den Brief doch endlich auf, Babsie!«

Barbara zögerte. »Sei bitte nicht sauer, Ilona!«

»Schon verstanden!«, antwortete die. »Du willst ihn natürlich allein lesen. Ist doch logisch! Weißt du was, ich mache uns inzwischen Tee!«

Barbara nickte nur. Auch nachdem ihre Freundin das Zimmer verlassen hatte, drehte sie den Brief nur hin und her, ohne ihn zu öffnen. Doch schließlich riss sie den Umschlag auf und zog ein zweimal gefaltetes Stück Papier daraus hervor. Es war ein kurzer Brief, geschrieben in dieser steilen, aber gut leserlichen Schrift, die Barbara von der Adresse her wieder erkannte:

Liebe Barbara,
dein Brief hat mich sehr überrascht. Man hat mir nie etwas
über dich mitgeteilt. Wenn du nach Hannover kommen
willst, ist der nächste Dienstag der günstigste Tag. Ich
nehme an, du kommst mit dem Zug. Ich erwarte dich im
Bahnhofsrestaurant, um drei Uhr.
Laura Arnold

Barbara las die paar Zeilen immer wieder. So, als könnte sie daraus mehr erfahren, als die nüchternen Sätze hergaben. Als Ilona mit dem Tee zurückkam, stand Barbara immer noch am gleichen Fleck. »Da«, sagte sie und reichte ihr den Brief.

Ilona setzte das Tablett auf dem Fußboden ab und nahm den Brief zögernd entgegen.

»Wie findest du das?«, fragte Barbara dann.

Ratlos zuckte die Freundin mit den Schultern. »Ein bisschen kurz, nicht?«

»Hätte sie nicht wenigstens schreiben können, dass sie sich auf das Treffen freut?«

»Hast du so etwas geschrieben?«, fragte Ilona.

»Nein«, musste Barbara zugeben.

»Na, siehst du. Für deine Mutter ist es bestimmt genauso

schwer wie für dich, zu zeigen, was sie denkt oder fühlt. Solange ihr euch noch nicht kennt, meine ich!«

»Na ja...« Barbara hatte mehr erwartet. Aber erwartete sie nicht immer mehr von andern als von sich selbst? Hatte Holger ihr das nicht schon oft genug vorgeworfen? Ach, verdammt! Sie war ihre Mutter. Sie war die Ältere. Sie war es, die ein Kind bekommen und es weggegeben hatte!

»Babsie!« Ilona legte den Arm um Barbaras Schultern. »Hast du eigentlich schon mal versucht, dich in deine Mutter hineinzuversetzen?«

Barbara sah ihre Freundin verblüfft an. »Na klar habe ich das! Ich denke die ganze Zeit an sie. Das weißt du doch!«

Ilona schüttelte den Kopf. »Ich meine etwas anderes. Ich meine, hast du schon mal daran gedacht, dass es für deine Mutter nicht einfach war, dich wegzugeben? Damals? Wer weiß, was sie durchgemacht hat! Also, wenn du mich fragst: den Brief von ihr, den finde ich eigentlich ganz okay! Ein bisschen knapp, aber okay. Ich hätte es, glaube ich, genauso gemacht. Überleg doch mal: Deine Mutter muss total überrascht gewesen sein, als sie deinen Brief bekam. Du hast sie überrumpelt! Die ganzen Jahre hat sie nie etwas von dir gehört. Und auf einmal bekommt sie einen Brief von dir. Was hätte sie denn jetzt groß antworten sollen? Sie will dich sehen! Das ist für sie das Wichtigste!«

»Ja, du hast Recht. Für mich ist es das auch«, sagte Barbara. Sie las den Brief noch einmal und fand nun auch nichts mehr daran auszusetzen.

Sie würde ihre Mutter endlich kennen lernen. Am nächsten Dienstag. Und sie würde allein hinfahren. Außer Ilona würde keiner davon erfahren. Tobias nicht und Holger und Luise schon gar nicht! Es war ganz allein eine Sache zwischen ihr und ihrer Mutter.

Jetzt saß sie im Zug. Nicht mehr in diesem rumpelnden, verräucherten Nahverkehrszug nach Frankfurt, sondern in einem dezent surrenden Intercity, der sie nach Hannover bringen sollte.

Es war keine einfache Sache, mitten in der Woche für einen ganzen Tag zu verschwinden! Barbara hasste solch komplizierte Heimlichtuerei, aber sie hatte keine andere Wahl gehabt. Hätte sie angekündigt, dass sie an diesem Tag ihre Mutter treffen wollte, hätte alle Welt versucht, sie daran zu hindern. So wusste nur Ilona Bescheid.

Für die Eltern hatte sie eine Erklärung finden müssen, warum sie an diesem Morgen so viel früher als sonst aus dem Haus ging und erst spät am Abend wieder zurück sein würde. Sie hatte eine Englischarbeit vorgeschützt, für die sie mit Ilona früh und den ganzen Nachmittag pauken wollte. Und zwar gleich unmittelbar nach der Schule, um keine kostbare Zeit zu verlieren!

Ilona würde sie auch bei Frau Carsten entschuldigen. Mit Grippe. Barbara hatte vorgesorgt, indem sie am Vortag schon ausgiebig und Mitleid erregend gehustet hatte.

Ilona war überhaupt unentbehrlich gewesen. Ohne sie wäre Barbara für das Treffen mit ihrer Mutter bei ihrem üblichen wilden Klamottenmix geblieben. Ilona hatte sie davon überzeugt, dass es besser wäre, sich nicht so aufzumotzen! »Überleg doch mal, Babsie«, hatte sie gesagt, »du kennst deine Mutter doch gar nicht. Wenn sie nun eine dieser Frauen ist, die auf damenhafte Eleganz steht? Kann doch sein! Schließlich kommt sie aus der Großstadt. Und du willst doch wohl bei der ersten Begegnung keinen schlechten Eindruck machen, oder?«

Nein, wollte Barbara nicht.

Also einigten sich die beiden Mädchen nach langem Hin

und Her darauf, dass Barbara zwar nicht auf ihre geliebte knallenge Lederhose verzichten musste, dazu aber einen schlichten Rollkragenpulli von Ilona anziehen würde. Es war ein superfeiner, für Barbaras Verhältnisse ziemlich braver Pullover, aber wenigstens hatte er Übergröße, was ihr das angenehme Gefühl unbeabsichtigter Lässigkeit gab. Sie wollte weder schäbig aussehen noch aufgedonnert. Sie wollte an diesem Tag aussehen wie, ja, wie »etwas Besseres«, weshalb sie sich ausnahmsweise ganz auf Ilonas Urteil verlassen hatte.

Eine Zutat, die sie ihrer Freundin unterschlug, war die Plastikkarotte von Tobias, die Barbara sich erst ansteckte, als sie auf dem Weg zum Bahnhof war. Sie hoffte, dass sie ihr Glück bringen würde.

Und jetzt saß sie also im Zug. Es war das erste Mal, dass Barbara mit einem Intercity fuhr. Sie genoss den ungewohnten Komfort, den bequemen Großraumwagen, die leise Musik, den hin und her flitzenden Ober, die Mitreisenden mit den ausländischen Zeitungen. Das war etwas anderes als Riedbach Kreis Mainau! Barbara machte es ihrem Gegenüber nach und bestellte sich auch einen Espresso, erschrak über den Preis, den sie dafür zahlen musste, wollte sich dadurch aber nicht die Stimmung verderben lassen. Sie nahm die Tasse in die Hand, lehnte sich zurück, blickte auf die draußen vorbeifliegende Landschaft und dachte, dass das die richtige Art sei, in ein neues Leben hineinzufahren. Ihr neues Leben. Denn wie immer das Treffen mit ihrer Mutter auch ausgehen mochte, es würde alles verändern.

Barbara hatte ihre leere Tasse eben abgesetzt, da fühlte sie plötzlich einen krampfartigen Schmerz in der Magengrube. Konnte das vom Kaffee kommen? Sie war Espresso nicht gewohnt. Aber nein! Es war nicht der Espresso. Sie wusste genau, was es war: Angst. Die Erkenntnis traf sie schlagartig und sie begann unkontrolliert zu zittern. Sie schloss die Augen, in der Hoffnung, dass es schnell vorübergehen würde.

Nach einer Weile hatte sie sich so weit in der Gewalt, dass sie die Augen wieder öffnen konnte.

»Ist dir nicht gut, Kleine?« Der Mann, der Barbara gegenübersaß, blickte besorgt über seine Halbrandbrille.

»Doch, doch«, sagte Barbara.

»Heute schon etwas gegessen?«

»Nein.« Barbara kam gar nicht so schnell darauf, dem Mann zu sagen, dass ihn das nichts anginge.

»Junge Mädchen!«, sagte der kopfschüttelnd. »Kenne ich! Meine Tochter ist genauso! Nie Zeit zum Frühstücken! Und dann Kreislaufbeschwerden! Hier!« Auffordernd hielt er ihr einen Getreideriegel hin.

Ein Körnerfresser, dachte Barbara, hoffentlich hält er mir keinen Vortrag über Gesundheitskost! Sie wagte aber nicht, den Riegel abzulehnen. Außerdem hatte sie tatsächlich Hunger.

»Danke«, sagte sie.

»Hm«, machte ihr Gegenüber befriedigt und wandte sich wieder seinen Akten zu.

Nach dem Getreideriegel ging es Barbara besser. Aber das zitterige Gefühl blieb. Bis jetzt hatte sie nur Wut gespürt. Wut über ihre Situation, Triumph, dass es ihr gelungen war, die Adresse ausfindig zu machen, Ungeduld und Vorfreude auf die Begegnung, Neugierde. Jetzt, wo es bald so weit sein würde, beschlich sie eine unbestimmte Furcht und einen kurzen Moment lang wünschte sie, alles wäre nur ein Traum. Wie würde ihre Mutter sein? Barbara tastete nach dem Brief in der Innentasche ihrer Jacke. Was ist, wenn sie mich nicht mag? Wenn sie eine ganz andere Vorstellung von mir hat? Wenn sie sich eine Tochter denkt, wie sie im Gymnasium von Mainau herumlaufen? Schlaue Sprüche, Designerjeans, Klavierstunden und Abi, Studienplatz schon in der Tasche? Was hatte sie dagegen zu bieten? Die Aussicht, bei einem Verrückten fotografieren zu lernen! Und weiter? Barbara warf mit einem so wütenden Schwung ihre Mähne zurück, dass ihr Gegenüber sie wieder besorgt ansah. Barbara blickte rasch aus dem Fenster. Wenn sie, ihre Mutter, die auf *damenhafte Eleganz* stand, so eine Sahneschnitte hätte haben wollen, warum hatte sie die Sache dann anderen überlassen? Luise und Holger?

Wieder versuchte Barbara, sich ein Bild von ihrer Mutter zu machen. Ihr einziger Anhaltspunkt war diese steile Schrift. Luise hatte eine ganz gewöhnliche, runde Schrift. Die Handschrift sagte angeblich viel über einen Menschen aus. Barbara verstand natürlich nichts davon, aber da die Schrift ihrer Mutter so anders war als die von Luise, musste sie auch ganz anders sein.

Bis der Zug in Hannover einlief, hatte ihre Mutter in Barbaras Vorstellung nacheinander die verschiedensten Gesichter angenommen. Unter anderem das von Frau Carsten, von Ilonas Mutter und zum Schluss das von Ruth Maria Kubitschek, einer Schauspielerin, die sie vor kurzem im Fernsehen gesehen hatte. In dem Film, es war eine Art Krimi, spielte die Kubitschek eine perfekte Mutter, die auch dann noch liebevolles Verständnis für ihre Tochter aufbrachte, als diese sich mit einem widerwärtigen Ekelpaket von Mann verlobte. Der sich dann später prompt als der Mörder entpuppte. Der Kubitschek gelang es in dem Film, die große Katastrophe klug zu verhindern.

Barbara verließ den Zug wieder etwas zuversichtlicher.

18

Der Hauptbahnhof von Hannover war größer, als Barbara ihn sich vorgestellt hatte. Es gab zwei Ebenen. Ein Unter- und ein Obergeschoss. Barbara sah auf die Uhr. Viertel nach zwei. Sie hatte reichlich Zeit, sich nach dem Treffpunkt umzusehen. Im Untergeschoss entdeckte sie ein Café und etwas weiter eine Art Imbiss. Beides konnte ihre Mutter wohl kaum gemeint haben. Barbara lief eine Weile suchend herum, bis sie endlich ganz am Ende der Halle das Bahnhofsrestaurant entdeckte. Ein Hotel gehörte dazu. Es sah teuer aus. Barbara überprüfte verstohlen ihre Barschaft. Sechs Mark fünfzig. Die Rückfahrkarte hatte mehr gekostet, als sie gedacht hatte. Sie hatte sogar ihr neues Girokonto dafür plündern müssen.

Egal, für einen Kaffee würde der Rest allemal reichen. Mehr würde sie nicht brauchen. Dies war ja nur der Treffpunkt. Ihre Mutter würde sie mit zu sich nach Hause nehmen.

Wieder sah Barbara auf die Uhr. Zwanzig vor drei. Sie entschloss sich, noch einmal quer durch den Bahnhof zu streifen. Sie hatte einen Horror davor, allein an einem Tisch zu sitzen wie bestellt und nicht abgeholt.

Nicht abgeholt! Wieder überfiel Barbara eine Welle von Unbehagen. Wenn ihre Mutter nun gar nicht kam? Ihr Brief war nicht gerade herzlich gewesen. Unsinn, natürlich würde sie kommen. Aber Barbara zog es vor, nicht als Erste am Treffpunkt zu sein. Sie konnte in der Nähe des Restaurants bleiben und den Eingang beobachten. Sie war sicher, dass sie ihre Mutter erkennen würde!

Barbara versuchte sich den lockeren Anschein einer Reisenden zu geben, die auf den nächsten Anschluss wartet.

Langsam schlenderte sie auf und ab, wobei sie die Treppe zum Restaurant, so gut es ging, im Auge behielt. Doch auch nach zwanzig Minuten hatte keine Frau, die ihre Mutter hätte sein können, das Restaurant betreten. Das einzige weibliche Wesen, das die Stufen hinaufgegangen war, war eine alte Dame mit einem Dackel gewesen. Barbara sah auf die Uhr. Kurz nach drei. Noch fünf Minuten, dann würde sie hineingehen. Es konnte ja sein, dass sie ihre Mutter trotz allem übersehen hatte. Vielleicht hatte das Restaurant auch noch einen anderen Eingang.

Sieben Minuten nach drei. Barbara gab sich einen Ruck, stieg die Treppe hinauf und betrat das Lokal. In der Tür blieb sie stehen und sah sich um. Gepflegte Atmosphäre, mannshohe Grünpflanzen, gedämpfte Musik. Aber kein Tisch, an dem eine einzelne Frau saß.

»Kann ich Ihnen helfen?« Ein Ober.

»Ich bin hier verabredet«, sagte Barbara etwas unsicher.

»Dann nehmen Sie am besten an diesem Tisch Platz.« Der Ober führte sie zu einem kleinen Tischchen gegenüber der Tür. »Darf ich Ihnen schon etwas bringen?«

»Nein, danke. Ich warte noch!«, sagte Barbara.

Der Ober entfernte sich. Barbara zog die Jacke aus und setzte sich. Wieso war ihre Mutter noch nicht da? Sie selbst hatte doch Ort und Zeit des Treffens vorgeschlagen. Sie wusste auch, was für eine weite Reise Barbara dafür hatte machen müssen.

Die Warterei wurde Barbara unerträglich. Jedes Mal, wenn die Tür zum Restaurant aufging, erschrak sie. Jedes Mal dachte sie: Jetzt kommt sie! Und immer wieder wurde sie enttäuscht. Mal war es ein Pärchen, mal eine junge Frau mit Baby, mal eine Gruppe laut diskutierender Geschäftsleute. Einmal ein alter Penner, den der Ober schnell wieder hinausbeförderte. Barbara wettete mit sich selbst: Das nächste Mal, wenn die Tür aufgeht, ist sie es! Sie schloss die Augen. Wie würde sie sein, ihre erste Begegnung? Würde ihre Mutter einen theatralischen Schrei ausstoßen? *Mein Kind! Hab ich dich wieder!* Etwas in der Art? Barbara kicherte nervös, fing sich aber gleich wieder. Vielleicht würde ihre Mutter sie nur wortlos in die Arme schließen? Das wäre immerhin nicht so peinlich!

Aber wo blieb sie? Noch ein Blick auf die Uhr. Zwanzig nach drei. Zu ihrer Nervosität, der Furcht, der Verdrossenheit gesellte sich jetzt blanker Zorn. Was sollte das? Warum hatte sie Barbara überhaupt in dieses Restaurant bestellt anstatt gleich zu sich nach Hause? Was, verdammt noch mal, war denn so wichtig für sie, dass sie jetzt nicht hier sein konnte?

Wieder ging die Tür auf. Eine Frau. Barbaras erster Gedanke war, ihre Mutter habe eine Bekannte beauftragt, ihr eine Nachricht zu überbringen. Die Nachricht, dass sie es sich anders überlegt habe und sie nun doch nicht treffen wolle. Aber im gleichen Moment wusste sie mit absoluter Sicherheit, dass diese Frau da ihre Mutter war.

Sie rührte sich nicht. Beobachtete, wie die Frau sich suchend umwandte, dann zögernd auf ihren Tisch zukam. In diesem Moment waren alle Bilder aus Barbaras Gedächtnis weggewischt, die sie sich jemals von ihrer Mutter gemacht hatte. Es stimmte ohnehin nicht ein einziges mit der Wirklichkeit überein.

Die Frau sah nichts sagend aus. Durchschnittlich. Gewöhnlich. Sie war klein. Viel kleiner als Barbara. Sie trug einen zu engen braunen Wollmantel mit einem Kunstpelzkragen. Leopard. Ausgerechnet. Sie hatte kurze Haare von einem ausgewaschenen undefinierbaren Hellbraun. Viel zu kraus.

Dauerwelle auf Krankenschein! Warum fielen einem in so

einem Moment blöde Sprüche ein? Und warum eigentlich hatte sie eine viel ältere Frau erwartet? Sie wusste doch, dass ihr Mutter erst Anfang dreißig war. Hatte sie sich nicht immer darüber geärgert, dass Luise und Holger so alt waren? Da kam sie, ihre junge Mutter!

Unwillkürlich stand Barbara nun doch von ihrem Sitz auf, als die Frau näher kam, sodass sie sich, mit dem Tisch dazwischen, gegenüberstanden.

»Barbara...?«

Barbara konnte nur nicken. Warum Barbara? Warum nicht Silvia?

»Es tut mir Leid, dass ich dich habe warten lassen! Ich habe die Straßenbahn verpasst. Sie fährt nur alle halbe Stunde!« Sie zog ihren Mantel nicht aus, setzte sich zögernd auf die vordere Stuhlkante, als müsse sie gleich wieder fort. Die Handtasche hielt sie auf dem Schoß, umklammerte sie mit beiden Händen.

Die Augen, dachte Barbara. Es sind die gleichen wie meine. Grün, mit ein paar braunen Sprenkeln darin. Sonst konnte sie keine Ähnlichkeiten feststellen. Die Nase, der Mund waren anders. Sie war nicht geschminkt. Wirkte fahl. Nein, sie war noch nicht alt! Aber die leicht nach unten gezogenen Mundwinkel gaben ihr ein etwas abgekämpftes, mürrisches Aussehen. Dazu kam etwas Gehetztes im Blick, ein flackerndes Misstrauen. Sie reichte Barbara auch jetzt nicht die Hand. Saß nur da, wie auf Abruf.

»Wie soll ich Sie... dich anreden?«, fragte Barbara.

Eine Abwehrgeste mit der linken Hand, schnell wieder weggenommen. »Sag einfach Laura!« Eine Weile blieb sie stumm, dann fragte sie: »Wie... wie ist es dir ergangen? Hast du nette Eltern?«

Nette Eltern!

»Ja, ich habe nette Eltern!«, hörte Barbara sich antworten.

»Sehr nette! Sie sorgen sich um mich«, fügte sie, ohne es zu wollen, hinzu.

»Gut. Das ist gut.« Und nach einer Pause: »Gehst du noch zur Schule?«

»Ja, ich gehe noch zur Schule«, sagte Barbara automatisch.

»Und was willst du mal werden?«

Fragen, die man einer Zehnjährigen stellt. Barbara antwortete nicht darauf. Es gab Wichtigeres! »Und mein Vater?«, fragte sie.

»Ich habe keinen Kontakt mehr zu ihm!«

»Aber wer ist es? Wo lebt er?«

»Ich sage dir doch, ich bin nicht mehr mit ihm zusammen. Schon seit Jahren nicht mehr!« Die Stimme klang schroff. »Und ich habe keine Ahnung, wo er sich aufhält, ob er überhaupt noch am Leben ist!«

Barbara wollte etwas sagen, kam aber nicht dazu.

»Er hat sich um nichts geschert, nicht um mich und um dich auch nicht! Es war ihm egal, was aus uns wurde!« Die Mundwinkel zogen sich noch weiter nach unten. Die Hände spielten mit dem Bügelverschluss der Handtasche. Klipp-klapp, klipp-klapp.

»Aber …«, versuchte Barbara es noch einmal, kam aber wieder nicht weiter.

»Ich möchte nicht darüber sprechen. Ich habe jetzt eine Familie. Einen Mann, eine Tochter und einen Jungen.«

Plötzlich kam Barbara ein Gedanke: »Weiß Ihr Mann etwas von mir?«, fragte sie. Barbara war sich nicht bewusst, dass sie ihre Mutter plötzlich siezte.

Klipp-klapp, klipp-klapp! Getroffen, dachte Barbara. Sie ist hinter seinem Rücken hergekommen. Ihr Mann darf nichts davon wissen. Sie hat ihm ihr erstes Kind verheimlicht. Ihren Fehltritt. Mich.

»Das verstehst du nicht.«

»Nein«, sagte Barbara kalt.

»Ich ... es ging nicht anders. Du, du hast es gut gehabt! Nette Eltern. Eine Familie von Anfang an. Sicherheit!«

Sollte sie ihre Mutter jetzt auch noch bedauern? Barbara fühlte eine kalte Wut in sich aufsteigen. Wovor fürchtete sie sich? Dass sie in ihr Leben eindringen könnte? Ihr etwas wegnehmen könnte? Ihre Familie mit Mann, Mädchen und Jungen fressen könnte? Sicher gab es auch noch einen Goldhamster, um den sie sich ängstigte!

Und Barbara hatte sich vorgestellt, ihre Mutter würde sie mit zu sich nach Hause nehmen, sie ihrer Familie vorstellen!

Sie hatte geglaubt, ihre Mutter würde sich freuen, sie zu sehen!

Ein vorsichtiger Blick auf die Armbanduhr. Barbara entging er nicht. Sie selbst lehnte sich zurück. »Ich habe Hunger«, sagte sie aufsässig. »Ich bin seit heute Morgen um halb sieben unterwegs!«

»Ach ja, natürlich.« Erneuter nervöser Blick auf die Uhr. »Bestell dir etwas. Bestell dir, was du möchtest. Hier ist die Karte.«

»Ich brauche keine Karte. Ich weiß so, was ich will!«

Der Ober hatte schon begriffen und kam eilfertig an den Tisch.

»Eine Bratwurst und Pommes frites!«, bestellte Barbara.

»Auch etwas zu trinken?«

»Cola.«

Der Ober beugte sich fragend zu Barbaras Mutter. Die schüttelte den Kopf. »Ich muss leider wieder gehen. Kann ich gleich jetzt bezahlen?«

Sie holte ihr Portmonee heraus, gab dem Ober einen Schein, und während sie das Wechselgeld einsteckte, sagte sie, schon im Aufstehen: »Es tut mir Leid, Barbara, aber ich muss den Jungen abholen.« Diesmal streckte sie Barbara die Hand hin.

Barbara übersah sie, stand ebenfalls auf.

»Ich komme mit«, sagte sie entschieden. »Sie werden mich erst wieder los, wenn Sie mir sagen, wer mein Vater ist! Ich will es wissen!«

Die Frau setzte sich wieder. Ihre Augen flatterten. »Aber ich habe dir doch schon gesagt, ich habe keinen Kontakt mehr mit ihm!« Sie fühlte Barbaras bohrenden Blick und gab plötzlich nach: »Ein GI. Weißt du, was das ist? Ein amerikanischer Soldat. Stationiert in Deutschland. Er war Südstaatler. Stammte aus Mississippi. Ich war siebzehn. Als ich ihm gesagt habe, dass ich schwanger bin, ist er verschwunden. Auf Nimmerwiedersehen!«

»Wie hieß er?«

»Joe.«

»Joe und weiter?«, fragte Barbara. »Wenn einer beim Militär ist oder war und man seinen ganzen Namen weiß, dann kann man ihn doch bestimmt auch finden!«

»Bestimmt! Du willst seinen Namen wissen? Kannst du haben: Jackson! Joe Jackson. Ein schöner Name nicht? Typisch amerikanischer Name! Direkt zum Lachen typisch!«

Die Frau lachte bitter auf.

Barbara sah sie verständnislos an. Was war daran so komisch?

»Guck doch mal in deinen Atlas«, kam die Erklärung, »so was habt ihr doch heute alles, nicht? Jackson ist die Hauptstadt von Mississippi!«

Barbara sagte nichts.

»Ich hatte damals keinen Atlas«, sagte die Frau leise. »Es hat mich gefreut, dass es dir gut geht!«, setzte sie ungelenk hinzu.

Einen Moment schien sie zu zögern, dann stand sie auf, drehte sich um und ging hinaus. Barbara blieb wie versteinert sitzen.

Sie saß immer noch genauso da, als das Essen kam. Aber sie konnte jetzt nichts anrühren. Nicht einmal die Cola. Sie war wie gelähmt. Schließlich gab sie sich den Befehl: die rechte Hand ausstrecken, die Jacke greifen, die Jacke anziehen, aufstehen, Füße voreinander setzen. Gehen.

Irgendwann saß sie wieder im Zug. Sie hörte die Geräusche rings um sich, Gesprächsfetzen, Zeitungsrascheln, Lachen, ohne wirklich etwas wahrzunehmen. Sie fühlte sich leer, gefühllos.

19

Luise Alsdorf war den ganzen Tag unruhig. Aber es dauerte eine geraume Weile, bis sie ihre Unruhe mit Barbara in Verbindung brachte. Schon vor sieben war die am Morgen aus dem Haus gegangen. Hatte sich nicht einmal Zeit zum Frühstücken genommen. Was hatte sie ihr erzählt? Sie müsste mit Ilona Englisch üben? Schon vor der ersten Stunde und den ganzen Nachmittag? Reichlich merkwürdig das Ganze!

Als mittags Holger fragte: »Wo bleibt Barbara denn?«, ließ Luise sich ihre Nervosität nicht anmerken. »Sie ist bei Ilona. Die beiden wollten zusammen Englisch machen. Sie kommt erst heute Abend.«

»Hm«, machte Holger nur. »Besser spät als gar nicht!« Damit war die Sache für ihn erledigt.

Luises Unruhe blieb. Sie konnte sich den Grund dafür nicht

erklären. Nachspionieren wollte sie Barbara aber auch nicht. Wenn sie gesagt hatte, dass sie bei Ilona war, musste sie es so hinnehmen, sonst gab es gleich wieder Streit. Und Streit war das Letzte, was Luise sich wünschte!

Doch den ganzen Nachmittag über konnte sie das Gefühl nicht loswerden, dass etwas nicht stimmte. Schließlich hatte sie eine Idee: Sie würde bei Ilona anrufen und Barbara bitten, auf dem Heimweg ein frisches Brot zu besorgen.

Luise wählte die Nummer, die sie auswendig kannte. Ilonas Mutter war am Apparat. Auf Luises Bitte, Barbara an den Apparat zu holen, reagierte Frau Bergmann überrascht: »Barbara? Aber die ist nicht bei uns! Und Ilona ist heute gleich nach dem Mittagessen zu ihrer Oma gegangen. Sie hilft ihr dienstags immer im Haus. Verdient sich damit ein bisschen Extrataschengeld. Ist irgendetwas nicht in Ordnung?«

»Doch, doch«, versicherte Luise Alsdorf schnell. »Barbara sollte mir auf dem Heimweg nur etwas besorgen. Ich glaubte, sie ist bei euch! Es ist schon gut!«

Nichts ist gut, dachte sie, während sie den Hörer wieder auflegte. Doch das wollte sie vorerst für sich behalten. Wo war Barbara? Ob sie mit diesem Studenten zusammen war? Den ganzen Tag?

Nach dem Abendessen hielt Luise es nicht länger aus. »Es ist halb acht, Holger. Barbara ist immer noch nicht da!«

»Aber das ist doch nichts Neues, wenn sie bei ihrer Freundin ist! Deine Tochter war noch nie pünktlich!«

»Sie ist nicht bei ihrer Freundin!«

»Was? Nicht bei Ilona? Aber du hast mir doch erzählt …«

»Ja, ja, ich weiß«, sagte Luise schuldbewusst. »Ich habe ja auch geglaubt, dass sie dort ist. Aber inzwischen habe ich bei Ilona angerufen. Sie ist nicht da und war auch nicht da. Den ganzen Nachmittag nicht!«

Holger faltete die Zeitung zusammen. »Sag mal, Luise, bist du sicher, dass sie überhaupt in der Schule war?«

Luise zuckte die Schultern. »Ich weiß es nicht!«

»Und Ilona, was sagt Ilona dazu?«

»Ilona war gar nicht zu Hause!«, berichtete Luise.

»Aber vielleicht ist sie es jetzt!«, sagte Holger energisch. »Gib mir die Nummer, ich rufe da mal an!«

Es wurde ein langes Telefongespräch. Erst mit Ilonas Mutter, dann mit Ilona, die jetzt wohl oder übel mit der Wahrheit herausrücken musste. Holger hatte die Lautsprechertaste gedrückt, sodass Luise das Gespräch gleich mithören konnte. Als er schließlich auflegte, murmelte er nur: »Diese verrückte Göre!«

»Was sollen wir jetzt nur tun?«, fragte Luise aufgeregt.

»Nichts, Luise, gar nichts! Wir warten!«, sagte Holger.

»Aber sie ist ganz allein nach Hannover gefahren! Nun denk doch nur mal, wenn diese Begegnung womöglich nicht so verlaufen ist, wie Barbara es sich vorgestellt hat!«

»Was fürchtest du mehr, Luise: dass Barbara sich mit ihrer leiblichen Mutter nicht gut verstanden hat oder das Gegenteil?«

Luise sah angestrengt auf ihre Hände. »Ich weiß es nicht«, sagte sie leise.

Holger legte den Arm um seine Frau. Eine Geste, die er lange nicht mehr gemacht hatte und die entsprechend unbeholfen ausfiel. »Hör zu, Luise«, sagte er. »Barbara muss tun, was sie für richtig hält. Wir können ihr nichts mehr vorschreiben!«

»Warum hat sie uns nur nichts gesagt?«, fragte Luise unglücklich.

»Ja, es wäre natürlich besser gewesen, wenn sie mit uns gesprochen hätte, bevor sie sich mit dieser Frau trifft!«

»Es ist unsere Schuld, wenn sie kein Vertrauen mehr zu uns hat!«

»Ja, vielleicht hast du Recht«, sagte Holger. »Aber eines ist sicher: Was auch immer geschehen ist, Barbara wird damit fertig werden! Glaub mir, Luise, sie kann einen Knuff ab. Sie ist stärker, als du denkst! *Ich* denke manchmal«, fuhr er aufmunternd fort, »die Göre ist stärker als wir beide zusammen!«

Luise musste gegen ihren Willen lächeln: »Ein ziemlich starker Dickkopf, wenn du mich fragst, ja, das ist sie!«

Barbara stieg in Frankfurt aus dem Intercity, lief den Bahnsteig entlang, suchte auf der Anzeigetafel nach der nächsten Verbindung nach Mainau, machte sich auf den Weg zu dem entsprechenden Gleis, alles in einem tranceähnlichen Zustand. Auf dem Bahnsteig lehnte sie sich an einen Gepäckwagen und wartete. Lautes Geschrei riss sie aus ihrer Erstarrung. Ein plärrendes Kleinkind, das Gesicht von Schokolade, Tränen und Rotz verschmiert, die Mutter keifend und die Hand zum nächsten Schlag erhoben.

Barbara stürmte los. Eine unbändige Wut stieg in ihr hoch. Bevor die Frau wieder zuschlagen konnte, fiel sie ihr in den Arm. Hielt sie fest. Sie war einen guten Kopf größer als ihr Opfer. »Hören Sie auf damit!«, schrie sie. »Hören Sie sofort auf oder es passiert was!«

Die Frau riss fassungslos die Augen auf, wollte sich aus Barbaras Griff befreien, doch Barbaras Blick lähmte sie. Das Kind stellte wie auf Knopfdruck sein Brüllen ein. Die Umstehenden sahen der Szene aus sicherem Abstand zu.

Stumm, ohne sich einzumischen. Es war, als hätte jemand für einen Moment einen Film angehalten.

Barbara ließ die Frau los. Der Film lief weiter. Die Frau nahm, als wäre nichts geschehen, ein Taschentuch, hockte sich vor das Kind und begann ihm wortlos das Gesicht zu säubern. Das Kind lächelte unsicher.

Der Zug lief ein. Barbara stieg in das nächste Abteil, ohne sich noch mal umzudrehen. Wie nach dem Besuch bei dem Fotografen – Barbara kam es vor, als sei das eine Ewigkeit her – setzte sie sich nicht, sondern blieb im Durchgang stehen. Sie hatte heute keine Lust mehr auf Leute.

Barbara wollte rausgucken. Aber draußen war es inzwischen stockdunkel. In der verstaubten Scheibe sah sie nur ihr eigenes Spiegelbild. Sie lehnte sich mit der Stirn dagegen, sah jetzt einzelne Lichter, die auftauchten und wieder verschwanden. Wie unbeantwortete Fragen.

Eine Mutter, was war das? Was tat eine, um Mutter zu sein? Gebären und aus? Gene weitergeben, die Blutgruppe? Ihre Augenfarbe vererben, ihre Lust aufs Naschen, Angst vor Mäusen? Das Brett vorm Kopf bei Matheaufgaben?

Oder fing es erst nach dem Auf-die-Welt-Bringen an, das Mutterprogramm? Das komplette Serviceangebot mit Zuhören, Loben, Schimpfen, damit, Pflaster auf kaputte Knie kleben, trösten, Aufgaben abhören, vorlesen, Schulbrote schmieren, verfilzte Haare auskämmen, Plätzchen backen, Geheimnisse bewahren, Häkeln beibringen, nächtliche Ungeheuer verjagen, Streit schlichten, kalte Finger wärmen, in die Arme nehmen, kuscheln und und und …

Was ist eine richtige Mutter? Und was ist eine leibliche?

»Schlappe Nummer acht!«, schrie Barbara aus vollem Hals.

Einem müden Fahrgast, der sich hinter ihr zum Aussteigen bereitgehalten hatte, fiel der Koffer aus der Hand.

Luise hörte Barbara als Erste. »Sie kommt«, rief sie aufgeregt. Sie sprang auf und lief ihr im Flur entgegen. Die Art, wie die Außentür zugeballert wurde, verriet ihr einiges.

»Hi!«, machte Barbara. Sie blieb an der Tür stehen. »Meckert mich ruhig aus!«, rief sie herausfordernd. »Ich hab sie getroffen, ja! Bin hingefahren! Abgehauen, ohne Bescheid zu sagen! Und die Schule hab ich auch geschwänzt! Ging nun mal nicht anders! Ihr habt eben Pech gehabt mit mir! Ich bin nun mal 'n Reinfall! 'ne Oberniete! Eine bescheuerte Fundsache! Ihr hättet mich eben nicht adoptieren sollen! Man weiß doch nie, was in so einem Menschen drinsteckt! Hat die Schmitz auch gesagt!«

»Ist ja gut, Barbara, ist ja gut!« Luise schüttelte leise den Kopf.

Barbara stand immer noch an der gleichen Stelle. Fluchtbereit. Dann, plötzlich, lief sie auf Luise zu und warf sich in ihre Arme. »Mama«, schluchzte sie, »es war so schrecklich! So schrecklich, schrecklich, schrecklich! Sie hat mir zur Begrüßung nicht einmal die Hand gegeben!«

Dann kamen die Tränen. Ein Sturzbach. Barbaras Schultern zuckten, ihr ganzer Körper schüttelte sich wie in einem Krampf. Sie weinte ihre Wut, ihre Enttäuschung, ihren Schmerz, ihre Scham heraus. Sie weinte um alles, was je schief gelaufen war, was sie je verbockt hatte: die vielen vergeigten Arbeiten in der Schule, die geklauten Münzen aus dem Wirtschaftsportmonee, das verlorene Goldkettchen, die Lügen und Ausreden, Bubus abgerissenes Plüschohr, die Anschuldigungen, die Wutausbrüche.

»Ich war immer nur widerlich zu euch!«, stieß sie unter Schluchzen hervor.

»Scht, scht«, machte Luise. Sie wiegte Barbara, wie sie es früher immer mit ihr gemacht hatte.

»Doch bin ich widerlich!«, heulte Barbara weiter. »Dauernd knalle ich durch! Vorhin, auf dem Bahnsteig, hätte ich beinahe eine Frau verprügelt!«

Holger stellte sich das bildlich vor: wie Barbara dramatisch ihre Mähne schüttelte, den Rächerblick von oben drohend auf so ein armes Würstchen gerichtet. Er konnte sich ein Lachen nicht verbeißen. »Hatte sie es wenigstens verdient?«, fragte er. »Komm her, Wüterich, erzähl es uns!«

Barbara machte sich von Luise los, sah Holger an und begann ebenfalls zu lachen. Es klang noch ein bisschen dünn und wurde untermalt von viel Schniefen und Nasehochziehen.

Luise ging zum Kühlschrank. »Ich muss jetzt irgendetwas trinken«, sagte sie. »Wie ist es mit euch?«

Anmerkung

Nach dem gültigen Personenstandsgesetz § 61, Absatz 2, hat das adoptierte Kind ab dem 16. Lebensjahr ein Recht auf Einsicht in die Abstammungsurkunde.

Dazu ein Urteil des Bundesverfassungsgerichts von 1979: Danach steht jedem Adoptivkind zwar das Recht auf genetische Auskunft zu, aber die Aufklärung des unmündigen Kindes liegt im Ermessen der sorgeberechtigten Adoptiveltern.

Im Klartext: Mit achtzehn Jahren kann jeder Adoptierte die Suche nach seinen leiblichen Eltern selbstständig betreiben. Die entsprechenden Akten können beim Jugendamt eingesehen werden. Solange das Adoptivkind jedoch noch nicht volljährig ist, ist es auf die Zustimmung der Adoptiveltern beziehungsweise des Jugendamtes angewiesen.